精神疾患のある人を支援困難にしないための

基本スキルと対話のコツがわかる本

小瀬古 伸幸
Nobuyuki Koseko

中央法規

まえがき

　本書を書こうと思った動機は、精神疾患をもつ人への支援が専門職以外の人も担うことが多くなり、実際の現場ではその対応に困難が生じているという相談を受けることが増えたことからです。

　その背景には精神疾患の診断基準が変化し、これまで見逃されていた精神症状やその特性を早期発見できるようになったことがあると考えています。また、社会保障制度や引きこもり支援などの充実から、地域の支援者がさまざまな人とかかわるようになり、これまで認知されてこなかった精神疾患を持つ人をサポートする機会が増えたからではないかと考えています。

　これらの支援制度の普及には、一定の成果がみられていると考えますが、精神疾患をもつ人やその家族への支援技術の向上は、今後の課題だと考えています。そこで、その支援技術を学ぶ入り口として、本書を執筆しました。

　本書の構成は、支援の原則七つを示し、[統合失調症][双極症][うつ病][アルコール依存症][発達障害][認知症]の各疾患の解説と、具体的なケースについて記しています。ケースのほうは、事例の概要から始まり、現在の対応と支援者の困難感、アセスメントの視点、プロの技、具体的な対話例という構成になっています。

　本書の読み進め方として、１ページ目から読んでいただいても問題ないのですが、まずはご自身が担当している利用者や患者の疾患から読み進めることで、臨床実践との結びつきが得られ、より理解が深まるのではないかと考えています。また、「今まさに困っている」というケースがあれば、タイトルを【疾患の特徴×生活への影響】という形式で示していますので、支援者自身が困難と感じている状態像と合致するタイトルから読み進めていただいてもよいかと考えています。

　私自身、執筆する際には、実用的かつ精神科領域に詳しくない読者にもわかりやすい情報を提供することに心を尽くしました。そのため、疾患や薬物療法については基本的な内容に絞り、一方では支援者がすぐに役立つスキルを充実させています。もし疾患や薬物療法についてより詳しい情報を得たい場合は、ほかの書籍を参考にし、深層の知識を探求していただくことをお勧めします。

2023 年 12 月 1 日

小瀬古 伸幸

CONTENTS

2部
精神疾患特有の症状×困難ケース
～基本スキルと対話のコツ～

1 統合失調症 …… 22

1部

精神疾患のある人を支援する
7大原則

支援軸は主体性

精神疾患をもつ人を支援していると、どうしても「できないところ」に目が向き、ついやってあげたくなるものです。しかし、それを永遠に続けることは、得策ではありません。

かかわり方のヒント

基本解説 主体性が発揮できる支援とは何か。4コマ事例でいえば、「この書類が何かわからない」と訴えがあったとき、書類に書かれている担当窓口に本人自身が、問い合わせる。ここを支える援助を組み立てるということです。書類を受け取り代理で申請したり、本人の代わりに電話したりといった支援は、軸が主体性から外れていきます。

　もし、本人から「電話なんかできません」「代わりに電話してくださいよ」と言われたときは、本人の気がかりや心配事を確認し、安心して行動に移せる環境を整えることが支援の本質です。

なぜ必要なのか? 支援者側の都合として、更新手続きを代行することで円滑に進むことは理解できます。しかし、できないところを代理で補うヘルプは、自律心を削ぎ、支援者なしでは生活が成り立たなくなります。そういう意味では、この方法は得策ではありません。時間はかかっても、自立支援を見込むアプローチを展開する必要があります。

惜しい対応！ ココを改善

自立への機会を妨げない

行政機関から書類（自立支援医療の更新書類など）が届いたとします。本人から「こんな書類が届いたんだけど、よくわからないんですよ」と言われたら、あなたならどうしますか。ある支援者は、本人の自筆が必要な箇所のみ記載してもらい、代わりに更新手続きをします。また、ある支援者は、更新書類の書き方や窓口を説明するに留めます。どちらも現場で、よくある支援ではありますが、本人の主体性を考えたときに、そのいずれもが不十分だと考えます。なぜなら、そのいずれもが、翌年も支援者なしでは、更新できない状態が続くからです。少し厳しい言い方をすると、それは自立に向けた機会を、支援者自身が損失させているとも言えます。

「やり方」よりも「対象理解」を優先

本人の訴えに対して、それをすぐさま解消してあげたい。そう思う支援者は少なくないと思います。しかし、対象理解のないまま支援者のやり方だけを提示するのは、自分のやり方を押しつけているにすぎません。

NG

「やり方」ばかりを押しつけてしまう

①

やっぱりあの人、私の苦しみを理解してくれないわ！

②

OK

気持ちがしんどくなったときの具体的な状況を教えていただいてもいいですか

③

夜になると嫌なことを思い出して眠れなくなるの。けど、極力、薬は飲みたくなくてね…

④

かかわり方のヒント

基本解説 支援をする際、つい「やり方」に目が向いてしまうことがあります。しかし、やり方ばかりを追求すると、本人が望んでいない方法を押しつけてしまう可能性があります。例を挙げて説明します。

利用者から「気持ちがしんどくなったときに〇〇さんに相談したのよ。そしたら『気持ちがしんどいときは薬を飲んだらどうですか』って言われたの。私は薬を飲むことがつらいのに……。何も理解していない！」と。これはやり方だけを伝えたコミュニケーションです。結果として、支援者の無理解によって利用者が苛立ちを感じている状況です。

では、同じ訴えがあったとき、対象理解を優先したコミュニケーションだとどう変わるのか考えてみましょう。まず、理解を進めるために本人の状態を知ることから始めると思います。たとえば、「具体的なしんどさを教えていただいてもいいですか」「しんどいなか、どう過ごされていますか」など、今の状態を理解しようとする問いかけに変わります。

なぜ必要なのか？ では、なぜ対象理解を優先しなければいけないのか。それは「やり方」を優先すると、支援者の思いと、利用者のニーズにズレが生じてしまうからです。もちろん支援者の提案が偶然、利用者のニーズと合致して助かることもあるかもしれませんが、これは奇跡的なケースであり、毎回そうではないことを理解する必要があります。

一方で、対象理解を優先すれば、そのズレは少なくなります。本人が何に困っているのか。今、どのような状態なのか、それらの理解を起点に両者で「やり方」をともに考えていくのです。

惜しい対応！　ココを改善

やり方に焦点化

対象理解のコミュニケーションがなく、支援者のやり方ばかりを伝える。

不満、困りごとの裏に「希望」が存在する

精神疾患をもつ人は思いを言葉にすることが苦手な人が多く、ひいては希望を明確にすることも難しい人がいます。そのような場面では、本人との対話を通じて不満、困りごとの裏から希望を抽出するという原則があります。

かかわり方のヒント

基本解説 現場では初期計画の段階であっても希望を明記する必要がありますが、できる限り支援者が誘導することは避けましょう。

　不満、困りごとの裏には、希望が存在する。まずこのように考えてください。希望を問いかけたとき「わからない」「特にない」という返答であったとしても、不満や困りごとに関する問いかけには、たくさん表出してくれます。その言葉の一つひとつをキャッチし、その裏側にある「本当は、こうしてほしい」「こうなっていきたい」という思いがあるはずです。ここに焦点を当てます。

なぜ必要なのか? 本利用者の希望を確認したときに「わかりません」「特にないです」と言われたとき、ケアプランや支援計画を作成するために希望をひねり出そうとした経験はないでしょうか。

　たとえば次のような問いかけです。「〇〇というようなことをやってみたいとは思いませんか?」「昔、〇〇をやっていたのであれば、またそういうことをできるようになりたくありませんか?」。このような問いかけを重ねながら、何とか利用者から「そうですね」という了解をいただくといった経験です。恥ずかしながら、私は何度も希望をひねり出すという対話を実施したことがあります。ひねり出した希望はきまって、支援のなかでは活かされず、いつしか計画書の目標欄を埋めるためだけに存在するようになっていました。

惜しい対応! ココを改善

誘導性の高い問いかけで、希望をひねり出す

希望を問いかけて「わからない」「特にない」という返答があったとき、「これをやってみたいと思いませんか?」「じゃあ、これはどう?」と誘導し、「そうですね」を引き出そうとする。

精神症状に影響された生活を明確化

精神症状をとらえるのは、非常に難しいです。トレーニングを積まなければ、適切にアセスメントすることはできません。では、それを前提として何に着目しなければいけないのか。それは生活です。

かかわり方のヒント

基本解説 身体症状であれば客観的所見やデータがあり、目に見えてわかりやすいのですが、精神症状や気分の波は目に見えるものではありません。当事者自身も気がつかないうちに、その症状や気分の波に振り回されることがあります。その結果、人との関係がうまくいかなくなったり、毎日の食事の確保が難しくなったり、一気にお金を使いすぎて生活費がなくなったりと生活に支障をきたすようになります。つまり、その影響は必ず生活や行動に現れるのです。だから、客観的に確認できる生活をとらえ、それが精神症状に影響された行動なのか、見極める必要があります。

症状に影響された生活を明らかにするための質問例

具体化

- その症状があったときの生活を詳しく教えていただいてもよろしいでしょうか？
- 具体的にどのような状態のときに苦しさや、つらさを感じますか？

程度を明確化

- その症状があったときの苦しさを最大 10 点としたら、今は何点でしょうか？
- ベストの状態が 100 点だとしたら、今日の調子は何点でしょうか？

比較

- 症状があるときと、ないときの生活の違いは何でしょう？
- 今と比べて、まだマシなときは、生活にどのような違いがあるのでしょうか？

惜しい対応！ ココを改善

具体的にイメージできるレベルまで対話する

アセスメントをしていても、さらに踏み込んだ質問ができず、「そうなんですね」と対話を終わらせてしまう。

その感情が影響した暮らしに目を向ける

感情に寄り添うことと、感情をスッキリさせることは異なります。なぜ、あえて強調するのか。臨床では混合されがちだからです。まずは、この二つが異なることを理解し、症状が影響した生活に目を向けることが原則です。

かかわり方のヒント

基本解説 人というのは通常、怒られたり、失敗したり、失恋したり、ショックなことが起きれば当然、感情は波立ちます。その感情を一瞬で吹き飛ばす特効薬や対応策があればよいのですが、残念ながらそういうものはありません。

自分の経験と照らし合わせると、当然、理解できます。しかし、支援者という立場になると「ただちに何とかしてあげなければ」というモードになり、当たり前に起こる感情にまで条件反射的に取りかかってしまいます。職業病のようなものかもしれません。

しかし、冒頭でお伝えしたようにズバッと解消できる魔法はありません。つまり、整理がつくまでは感じるしかない感情もあるということです。そして時間もかかります。このことを支援者は理解しておく必要があります。そのうえで、その感情をもちながら「今、どのように生活をしているのか」。ここに焦点を当てます。

つまり、感情の揺れにより、その人が悪戦苦闘してきたプロセスを理解し、そしてそのなかで行ってきた工夫に目を向けていくのです。

惜しい対応!　ココを改善

感情に寄り添うことは大事だが解消されない

たとえば「一人でいると寂しさがこみ上げてくるから、一緒にいてほしい」と言われたとします。一日中、支援者が傍にいることが可能であれば、この寂しさは解消されると思います。しかし、それは現実的に不可能です。なかには時間を決めて、一緒にいることはどうかと思われる方もいるかと思います。もちろん、その間、寂しさは緩和されますが、支援者が帰ったあと、再び寂しさが現れてくることは、想像できるのではないでしょうか。

問題行動は対処行動

支援者からの見え方として「問題行動」だと感じられた
とき、その行動を起こした背景を考えることが必要です。
その理解に立たなければ、いくら正論を伝えたとしても、
支援者の言葉は届きません。

かかわり方のヒント

基本解説 たとえば、家の中にゴミがあふれている利用者がいたとします。ゴミを捨てるよう声をかけるものの一向に捨てる気配がなく、溜まっていく一方。そんなとき支援者がそのことを指摘します。もちろん従うことはなく、逆に抵抗感を生み、訪問自体を拒否します。

　このような場面は、誰もが経験しているのではないでしょうか。そのとき支援者はゴミを捨てないことを問題行動としてとらえがちです。しかし、よく考えてみてください。本当に問題行動なのでしょうか。もしかすると本人にとっては、重要な意味をもつのかもしれません。たとえば、部屋を物で満たすことで心の空虚感を埋めていたり、罪悪感をもち捨てられないことであったりということです。しかし、このような思いは本人の口からは語られにくいのです。

　では、どうすればよいのか。次のように考えてください。「問題行動としてとらえたことを対処行動に置き換える」です。

　たとえば「ゴミを捨てない理由は何か？」「ゴミを捨てると困ることは何か？」「ゴミを溜めることのメリットは何か？」「ゴミを捨てられないことによって困ることはないのか？」など、その行動の背景を理解することに主眼を置きます。こうすることで、問題だと思っていたその行動が、その人なりの対処行動としてとらえ直すことができると考えます。

絶対やってはいけない！　NG対応

問題行動ととらえたことを一方的に指摘する

- 「それはあなたの問題行動です」と指摘して、行動を変えさせようとする。
- 問題行動としてとらえたことをやめさせようと説得する。

質問するときは事実を入り口にする

質問するとき、どのようなことから尋ねますか？ 支援者だったら、「この内容から尋ねる」という自分なりの原則をもっていると思います。そこに事実を入り口に質問するということを原則として加えてください。

かかわり方のヒント

基本解説 事実を入り口にした質問とは、実際にあったことを聞くことです。たとえば「昨日の食事は何を食べられましたか？」「症状を強く感じた時間帯はありましたか？」「睡眠時間は何時間ですか？」などの質問です。経験した事実を尋ねられているので、利用者は答えやすいということです。そのあと、思いや感情、何を大切にしているのかなど、利用者の理解を深める質問をしていきます。この順序を逆にしてはいけません。思いや感情というのは言葉にしにくく、人に話すことに抵抗感をもつ人もいるからです。だから、「事実→思い（感情）」の順序を原則にする必要があるということです。

　また話を深める過程で、一つ注意点があります。それは、事実と思いを分けながら、情報をとらえるということです。思いのまま話された内容は、ときに事実かのように語られることもあります。この二つを混合しないよう分けるために、支援者側の情報整理する力が必要になります。

　補足として、関係性を築いたあとも深く切り込んだ質問には注意が必要です。誰でも、本質に迫る質問は警戒心を抱きます。とはいえ、支援をするうえで聞かなければいけない内容もあるでしょう。そのときには「なぜ、その質問をするのか」という意図を説明します。これにより警戒心は少しやわらぐと考えられます。

惜しい対応！ ココを改善

「なぜ?」「どうして?」の質問は注意!

質問するときにやりがちなのは、理由や原因を確認したいがために「なぜ？」「どうして？」を多用することです。適切に使えば問題ないのですが、無闇に使うと叱責されているように聞こえます。これに変わる言葉として、次のような言葉があります。「このようになった経緯を聞かせていただけますか？」「どのようなお気持ちからだったのでしょう？」「そう考えるきっかけは何ですか？」などです。「なぜ？」「どうして？」の多用を防ぐために経緯や気持ちを尋ねる言葉。これを事前に準備しておきましょう。

2部

精神疾患特有の症状×困難ケース
～基本スキルと対話のコツ～

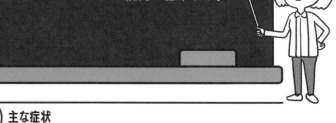

1 統合失調症

絶対押さえておくべき症状

陽性症状
現実にあり得ないことを信じ込むことや、周りに誰もいないのに命令する声や悪口が聞こえたりして、それを現実的な感覚として知覚する。

陰性症状
本来あるはずの意欲や気力が低下し、感情そのものの表現が乏しくなる。

認知機能障害
記憶したり、注意を適切に集中させたり、計画を立てそれに基づいて判断や行動したりする能力が低下する。

主な症状

陽性症状

陽性症状とは、現実にないものがあるように感じる幻覚や、現実にありえないことを信じ込む妄想などがあります。なかでも、幻聴は最も多くみられ、声（自分の知っている人、知らない人、芸能人など）や物音、音楽などとして体験されます。さらに「親を殴れ。そうすればお前には何もしない」「飛び降りろ」などと、命令する声の場合もあります。

幻覚	幻聴	第三者には確認できない声や音を近くする体験
	幻視	実在しない物体や人物をみること
妄想	被害妄想	他人から嫌がらせをされる、周囲からの危害を加えられると誤って思い込む妄想
	誇大妄想	自分の勝ちや能力を過大評価したり、自分が神から選ばれた人間だと思い込んだり、自分が芸能人や大物政治家であると確信する妄想
自我障害	思考伝播	他者の思考内容が媒介なしにわかる体験
	思考察知	自分の考えを他人に知られてしまう
	思考吹入	他人の考えが頭の中に入ってくる
	作為体験	電波や電磁波、テレパシーなど外部の力によって、自分が操られているという体験

陰性症状

本来あるはずの意欲や気力が低下し、感情そのものの表現が乏しくなります。やる気が出ずに億劫になり、何かの行為を自分から始めようという意欲や、喋りかけてきた相手に応じようといった発動性が低下した状態。行動は減少し、他者との交流や会話も少なくなっていくこともあります。

認知機能障害

認知機能とは、記憶したり、注意を適切に集中させたり、計画を立てそれに基づいて判断したり行動したりする能力のことをいいます。普段の生活では、認知機能を働かせているが、統合失調症の場合、この機能が低下します。認知機能は日常生活機能や社会生活機能と最も関連しており、暮らしに与える影響は大きいです。

主な治療

①薬物療法

リスペリドン（リスパダール®など）

剤形の種類	主な副作用	特徴・留意点
錠剤、OD錠（口腔内の唾液で速やかに崩壊する）、細粒剤、液剤、内用液など	アカシジア、不眠症、めまい、ふらつき、振戦、便秘、月経障害など	液剤を服用時は、茶葉抽出飲料（紅茶、烏龍茶、緑茶）、グレープフルーツジュース、コーラには混ぜてはいけない。

ブロナンセリン（ロナセン®）

剤形の種類	主な副作用	特徴・留意点
錠剤、細粒剤、テープ	パーキンソン症候群、アカシジア、ジスキネジアなど	非定型抗精神病薬のなかで、唯一、テープ剤がある。

オランザピン（ジプレキサ®）

剤形の種類	主な副作用	特徴・留意点
錠剤、細粒剤、ザイディス錠など	体重増加、食欲増進、便秘、口渇、傾眠など	糖尿病もしくは糖尿病の既往がある方には禁忌。

クエチアピン（セロクエル®）

剤形の種類	主な副作用	特徴・留意点
錠剤、細粒剤	不眠、傾眠、頻脈、ふらつき、体重増加、肝機能障害、便秘など	糖尿病もしくは糖尿病の既往がある方には禁忌。

アリピプラゾール（エビリファイ®）

剤形の種類	主な副作用	特徴・留意点
錠剤、細粒剤、OD錠、液剤など	不眠、アカシジア、振戦、不安、体重減少など	糖尿病性ケトアシドーシス、糖尿病性昏睡等の重大な副作用が発現するおそれがあるので、本剤投与中は高血糖の徴候・症状に注意。

ブレクスピプラゾール（レキサルティ®）

剤形の種類	主な副作用	特徴・留意点
錠剤	アカシジア、抗プロラクチン血症、不眠症、頭痛など	エビリファイを改良した薬剤。エビリファイに比べて、錐体外路症状（特にアカシジア）や体重増加などの副作用が低く、鎮静作用は弱めなのが特徴。

※2023年4月現在の情報

剤形

- **OD錠**：口腔内の唾液で速やかに崩壊する。
- **ザイディス錠**：口腔内で唾液のみで数秒で崩壊するため、水なしでも服用可能。

錐体外路症状

　副作用として、以下のような錐体外路症状が出現することがあります。

- **パーキンソン症候群**：振戦、筋強剛、流涎過多、寡動、運動緩慢、歩行障害、仮面様顔貌など。
- **アカシジア**：足がムズムズする異常知覚が現れ、じっとしていられない。
- **ジスキネジア**：ゆっくり、ねじるような奇妙な不随運動が、主に体、手足、首で起こり、その結果、奇妙な姿勢になる。急に現れることもあり、口、舌、あごなどがつっぱり、ねじれたり、眼球が上転したりする。

②社会生活スキルトレーニング（Social Skills Training：SST）

　SST では、対人関係を中心とする社会生活技能のほか、服薬自己管理・症状自己管理などの疾病の自己管理技能にかかわる日常生活技能を高める方法が開発されています。

ケース 1 統合失調症の妄想状態 生活実態不明

困難ポイント

精神症状が悪化するのではないかというおそれから、利用者の詳細な生活状況を尋ねることができない。

Hさん（82歳・女性）統合失調症、要支援1

事例の概要

- 以前は両親と暮らしていたが、30年前に他界。その後現在まで一人暮らし。

- 約半年前に介護保険申請を行い、ケアマネジャーのかかわりが開始。

- 現在の支援は、介護保険によるヘルパーの生活援助が週2回。

- ケアマネジャーが生活状況を尋ねると、「そんなことよりも、私、妊娠したと思うんです」と話し、出産や子育てのことに話がふくらんでいく。

- 入退院を繰り返し、婚姻歴はない。本人は「今でも結婚は憧れ。自分の家庭をもちたい」と話す。

現在の対応

☐ Hさんの妊娠妄想に対し、ケアマネジャーは、「そうなの」と返してはいるが、内心、「Hさんの妊娠に関する話を聞きすぎではないか。妄想が助長され状態が悪化するのでは?」という不安がある。

☐ Hさんに話の主導権があると妄想の内容に発展していくので、なるべく手短に面談を終えるようにしている。

☐ その対策として、できる限り「Yes」「No」で答えられるクローズド・クエスチョンを用いているが、つっ込んだ話をすることができない。

☐ いつも10分ほどで対話が終わり、生活の実態がモニタリングしにくい状況が続いている。

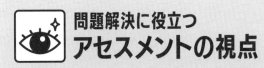

問題解決に役立つ アセスメントの視点

妄想をアセスメントする方法「妄想の形式次元」を使う

妄想は、統合失調症だけではなく認知症やうつ病でも現れることがあります。現実的にはあり得ない内容であっても、本人にとっては確固たる事実として認識されていることが特徴です。生活支援として大切なのは、妄想がどの程度生活に影響があるのかをアセスメントすることです。それによって、今後どのようにその妄想に対応すべきか、方針が立てられます。

妄想をアセスメントする方法として、「妄想の形式次元」という5つの枠組みがあります。支援者がこの枠組みを使って質問を行うことで、基本的な観察項目を網羅でき、その妄想が現在の生活に及ぼす影響の度合いを推測しやすくなります。

妄想の形式次元

尺度	評価内容	評価段階 強い ←			弱い・なし
1 確信度	妄想的信念の確信の強さを評価する。	**強い**：絶対に正しく議論の余地がない	**中程度**：「おそらく〜ではないか」と考えている	**弱い**：「〜ではないか」と疑っている	**なし**：まったく信じていない
2 心的占有度	妄想的信念を考えている頻度・時間の長さを評価する。	いつも考えている	時々考えている		まったく考えていない
3 行動阻害度	妄想的信念により生活にどの程度支障が出ているかを評価する。	**重大な支障**：部屋から出られない、暴力を振るう、食事を食べないなど	**中程度の支障**：外出はできるが、行ける場所が制限されるなど		支障なし
4 妄想に対する反論への態度	妄想に対し他者に反論されたら本人はどのような態度をとるかを評価する。	反論はまったく無視	妄想の内容を若干変更させ矛盾を解消しようとする	妄想の内容は変わらないが確信度は低くなる	反論を受け入れられる
5 妄想に対する反証への態度	妄想が否定されるような証拠が出てきたら本人はどのような態度をとるかを評価する。	証拠を見せられてもまったく変化しない	若干の変化はするものの確信度は変わらない	妄想内容は変わらないが確信度が低下する	反証を認めて妄想を撤回できる

対話例

○○のようなことが起こって、**私としては**不思議だなぁと思うんですけど……。☞「疑っている」

どの程度、そのことを考えますか？

ほぼ一日中考えていて、夜になると恐怖心が強くなって、部屋から出られなくなります。 ☞「いつも考えている」「夜は生活に支障がある」

アセスメント結果

妄想的信念の**確信度**は低いが、**心的占有度**は高く、夜間帯の**行動阻害度**は中等度

問題解決に役立つ
プロの技

□ たとえ妄想であっても、まずは本人がとらえている事実をとらえる
□ 妄想の根底にある感情に目を向ける
□ 実際に妄想がどのように生活に支障を及ぼしているのかを確認する

事実を共有 ▷ 思いを確認 ▷ 感情に理解を示す ▷ 生活状況へと話題を拡大

プロの技① 支援者の主観で判断を加えず「本人がとらえている事実」を共有する

　妄想が奇抜で、現実にあり得ない不合理な内容であればあるほど、支援者は「それは変ですよ」「それは一方的な見方ですよね」と価値判断を加えたくなります。これはケアマネジャーが、妄想をどうにかしようと無理やり現実に目を向けさせようとしているからです。

　しかし、妄想の内容は本人にとって「訂正不可能な事実」として認識されており、真っ向から否定しても簡単に覆るものではありません。そのため、支援者の価値判断は棚上げしておきましょう。

　まずは、以下のような質問を行い、本人がとらえている事実を確認します。その事実を起点に、本人がどのようなつらさを経験しているのかを理解し **プロの技②**、次第に現在の困りごとや暮らしのなかの大変さに話をふくらませていきましょう **プロの技③**。

> **「本人がとらえている事実」を確認するための質問**
> ・何があったのか教えていただけますか？
> ・どのような経緯があったのですか？

プロの技② 妄想の根底にある感情に目を向ける

　本人が「訂正不可能な事実」と認識している妄想そのものをどうにかし

ようとするのは避けましょう。そもそも反証ができない事実として認識されているから「妄想」なのです。

まずは、妄想をその根底にある本人の感情に目を向けることが大切です。実際に、妄想の根底には「怒り」「悲しさ」「寂しさ」などの感情があることが多いのです。

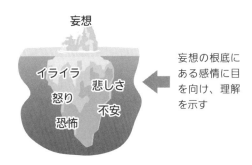

妄想

イライラ
怒り
悲しさ
恐怖
不安

妄想の根底にある感情に目を向け、理解を示す

Ｈさんは、「私、妊娠したと思うんです」と話しています。**この発話の根底には、長年、一人で暮らしている寂しさや、家族をもっている人へのうらやましさなどが推測されます。**その感情に理解を示していきましょう。

✌️プロの技③ 妄想により、生活・行動がどの程度左右され影響されているかをアセスメントする

次に、**アセスメントの視点**で述べた「妄想の形式次元」を使って、妄想が生活にどのように影響しているのかをアセスメントします。

妄想に心を奪われている時間が長かったり、確信度が高く反証が難しかったりしたとしても、生活に支障なく経過している間は、何とか自宅での生活は維持できます。しかし、食事を食べなくなったり睡眠がとれなくなったりと、**妄想が生活に影響してくると、当然ながらこれまで本人のペースで営んできた、希望する日常生活が崩れていきます。**

▎妄想による生活への影響の有無

 生活に支障なし

妄想　　　　　　　　　　　　　　　　　　生活に支障があるもの、あるいは、
　　　　　　　　　　　　　　　　　　　　現れそうなものを見極める

 生活に支障あり

プロの技を
会話例で理解する

プロの技① 支援者の主観で判断を加えず「本人がとらえている事実」を共有する
プロの技② 妄想の根底にある感情に目を向ける
プロの技③ 妄想により、生活・行動がどの程度左右され影響されているかをアセスメントする

 前回以降、生活はいかがですか。

 お腹の子が順調に育ってくれているかどうかが心配なのよ……。

 先日おっしゃっていた、妊娠のことですか。

 そうなのよ。

 先日は、そのお話があまり聞けなかったので、何があったのか教えていただいてもいいですか。 👉プロの技① 事実を確認

 奇妙に聞こえるかもしれないけど、このお腹の子は神様からの授かりものなの。 👉プロの技① 本人のとらえている事実が明らかになる

 神様からの授かりものですか……。

 えぇ。私はずっと独身だったから、今でも結婚には憧れているし、自分の家庭をもちたいのよ。そう毎晩願っていたら、神様が私のお腹に赤ちゃんを授けてくれた。妊娠がわかったときは、本当に嬉しかったわ。

 Ｈさんの願いを神様が受け取り、子どもを授けてくださって、すごく嬉しかったんですね。ちなみに、**子どもを授かるまでは、どのような気持ちがあったんですか。** 👉プロの技② 感情に目を向ける

 一人には慣れているつもりだったけど、やっぱり何をするのも寂し

かった。最近はヘルパーさんやあなたが来てくれて、寂しさも少し紛れているけどね。

 そうだったんですね。**たしかに、私がHさんの立場だったら、同じ気持ちになっただろうなと感じます。このまま一人だと私はどうなるんだろうって、不安です。** プロの技② 感情に寄りそう

 ありがとう……こういう話をしても、「この年で妊娠なんてするわけない」とか、「神様なんているものか」って、いつも誰にもわかってもらえなかったから……。 共感によりHさんの苦しみが明らかになる

 妊娠されてからは、体調や生活の面で変化はありませんか。 プロの技③ 生活への影響を確認

 今のところ、体調も変わりないし、ヘルパーさんが来てくれているから生活も安定しているわ。食欲もあるし、夜もよく眠れているわよ。 妊娠妄想による生活への影響は少ない様子

 そうなんですね。もう少し、詳細に聞かせていただいてもよろしいでしょうか。

 ええ。いいわよ。 現在の生活状況について詳細に確認を行えた

 体調や生活が安定していて、安心しました。もし今後変化がありましたら、私も一緒に考えたいので、教えていただいてよろしいでしょうか。

 そうね。あなたなら話しやすいから。何か変化があったら伝えるわね。

対応後の変化

- **生活状況の詳細を確認できた**
- **「何か変化があったら伝える」ことに合意した（＝実質上の「自己モニタリング」状況を設定できた）**

2 統合失調症の強い思い込み ゴミ屋敷

ケース

困難ポイント

「神様にお供えした物を捨てることはできない」という強い思い込みがあり、不衛生な住環境のまま生活している。

Bさん（65歳・女性）統合失調症、要介護1

事例の概要

- 20代の頃、仕事の多忙さから人に対する恐怖が強くなり、外出できなくなった。

- 両親が付き添い精神科病院を受診し、統合失調症と診断される。以来30年以上ひきこもり生活。2年前に両親は他界。

- Bさんの家から「生ゴミのような異臭がする」と近隣から保健所に連絡があり、訪問。しかしインターフォン越しに「あなたも私の物を盗みに来たの？帰れ！」と追い返された。

- その状況を知ったBさんの主治医が診察時に介護保険申請を勧めたところ、Bさんは了承した。

現在の対応

☐ 要介護認定後、ケアマネジャーが初回自宅訪問時、玄関を開けると、室内は予想していた以上にさまざまな物（生ゴミ、生活用品、明らかに使用していない家具、食器、和風の置物など）であふれていた。

☐ 入室できるスペースすらなく、ハエやウジ虫が発生し、誰がみても明らかに不衛生な状態であった。

☐ ケアマネジャーが「物であふれているのはなぜですか」と聞くと、Bさんは「神様のお供え物をしないといけないの」と答えた。

☐ ケアマネジャーが、「虫がわいているものもあり、病気になったりしないか心配です、捨てないのですか」と伝えると、「お供え物を捨てるなんて、バチが当たる！」「お供え物を汚いなんて……私を心配するふりをして、あなたも私の物を盗もうとしているのね！　帰って！」と勢いよく怒り始めた。

☐ ケアマネジャーは驚き、その日は家に上がることもできず退出した。

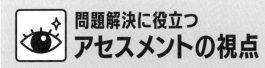

問題解決に役立つ
アセスメントの視点

①この事例の困難が統合失調症のどんな特徴にあるかを見極める

　統合失調症の症状は、陽性症状［1］、陰性症状［2］、認知機能障害［3］に分けられます。事例をみるときには、こうした症状のどれに当たるか、それによりどんな課題が引き起こされるのかを見極めることが大切です。

　左ページのBさんの発言から、陽性症状の「幻覚や妄想」に言動が左右されている可能性が考えられます。現実から離れた思考内容が存在すると、ゴミを溜める行動について、本来の理由や思いがみえにくくなります。

　Bさんの、「神様のお供え物を汚いというんですか！私のことを心配するフリをして、あなたも私の物を盗もうとしているんでしょう」という発言から、陽性症状の幻覚や妄想にBさんの言動が左右されている可能性が考えられます。現実から離れた思考内容が存在すると、ゴミを溜める行動について、本来の理由や思いがみえにくくなります。

　ですので、支援者はBさんの言葉に耳を傾けながら、「このゴミを溜めるという行動はどのような意味があるのか」という思いについて考えながら、対話を通じて深めていく必要があります。

②支援者の思いだけで支援を進めると拒否が生じる

　通常であれば、本人の思いを聞きながらゴミを片付ける必要性を説明し、了解が得られればヘルパー支援を導入し、少しずつゴミを整理できます。しかし、Bさんのように、生活に何らかの精神症状の影響を受けていると、通常の説明では納得せず、片付けに応じてくれないことがあります。

　そのようなとき、「片付けをしないと不衛生。病気になります」「だからヘルパーさんに来てもらいましょう」などと半ば強引に支援を進めることは避けましょう。支援者はサポートしているつもりでも、Bさんには平穏を脅かす脅威にしか感じません。

　ゴミを溜めることは（一般的には理解しがたくても）Bさんなりの理由が必ずあります。それを明らかにしないまま説明しても、支援者の考えを本人に押しつけていることにしかなりません。

　結果としてBさんの納得は得られず、拒否が生じてしまいます。

NG
強引に片づけを始める ⇒ 平穏を脅かす脅威に感じる ⇒ 拒否

問題解決に役立つ
プロの技

□ **本人の過去から現在に至る生活状況を丁寧に確認する**
□ **本人の「大切にしていること」と「生活の困りごと」に目を向ける**
□ **問題解決を優先するあまり片付けだけに焦点化しない**

経緯・プロセス を共有する ▷ 困りごとに 焦点を当てる ▷ 具体的な 支援につなぐ

☞プロの技① 過去から現在までゴミがあふれる家になった プロセスを共有する

　私たちは、ゴミがあふれている家をみると、その光景に圧倒され「整理整頓ができない、だらしない人」というレッテルを貼ってしまいがちです。支援者のなかで、生理的にそう感じてしまう人もいないわけではないでしょう。

　しかし、よく考えてみると、その家に住み始めた時点でゴミ屋敷、ということはあり得ません。必ず、ゴミ屋敷になるに至った経緯があるはずです。そうした経緯を無視し、結果だけを見て「だらしない人」と決めつけても、問題解決には至りません。

　課題をひも解くためには、本人の過去から現在に至る生活状況を丁寧に確認し、ゴミがあふれるようになった経緯・プロセスを共有することが必要です。その過程で、Bさんが大切に考えていることや、ゴミを溜めている理由などが、次第に明らかになってきます。

　それがわかってくると、支援者も、ゴミ屋敷自体は理解できなくてもそうなった事情が理解でき、自然と一定の共感をもつことができるようになるでしょう。

　そのうえで、**プロの技②** で生活の困りごとに焦点を当てることを繰り返して、具体的な支援へとつなげていくとスムーズです。

プロの技② いきなり解決することに目を向けず、まずは本人の「生活の困りごと」に早急に焦点を当てる

　ものすごい現状を目の当たりにした支援者は、「片付けを進めないと！」という思いに駆られやすいものです。しかし、「片付け」という解決を優先するあまり、焦ってはいけません。

　特にこのケースでは、Bさんが「お供え物を捨てるなんて、バチがあたる！」と発言しています。ということは、他人からみれば「生ゴミ」であっても、Bさんはそれらを「神様に献上したお供え物」として神聖に扱っているのです。

　自分の思い出の品など、大切にしているものを「捨てましょう」と言われたら誰もが不快に思うでしょう。それと同じで、大切なものである以上、それをやみくもに片付けさせるようなアプローチを続けても、抵抗感は強まる一方です。

　抵抗感をやわらげるポイントは、Bさんの「生活の困りごと」に焦点を当てることです。Bさんのもう一つの発言、「私を心配するふりをして、あなたも私の物を盗もうとしているのね！」に注目してください。実際に経験したことなのか、妄想の世界なのかは別として、「あなたも」という発言があることから、これまで物を盗まれた経験があることがうかがえます。ここにBさんが真に困っている「生活の困りごと」があり、物を溜め込む行動は、それに対抗するためだと考えられます。

　以上のことから、Bさんにとって「物を捨てない」ということは、以下の二つの意味があると考えます。

▌Bさんが捨てない「物」に対する思いと、その対象となる「物」

Bさんが「物を捨てない」意味	物の具体的内容
「神様へのお供え物は神聖」という畏怖	生ゴミが中心
「盗まれるかも」という物を失う不安	家のスペースを占有している家具や置物、食器等

プロの技を
会話例で理解する

プロの技① 過去から現在までゴミがあふれる家になったプロセスを共有する
プロの技② いきなり解決することに目を向けず、まずは本人の「生活の困りごと」に焦点をあてる

 ケアマネジャーは、ゴミを片付けさせたいのは自分自身だと気づき、Bさんの生活状況を共有するところから始めることにした

 これだけ物があって、生活で大変なことはないですか。

 生活するのは大変だけど、盗まれるといけないから仕方ないのよ。

 盗まれるかもしれないから仕方ない、とお考えなのですね。もう少し聞かせてもらってもよいでしょうか。

 あまり話したくないけど、少しなら……。

 ありがとうございます。まず、仕方ないと感じながらも物がたまってきたのは、いつ頃からでしたか？ **プロの技②** 過去から現在に至る生活状況の変化をとらえる

 両親が死んで半年ほどしてからかな。「何かいらない物はないですか」と毎日のように訪ねてくる人がいてね。だんだんしつこくなって、母との思い出がある置き物も1,000円で買い取るって、持っていこうとしたの。「泥棒！」と叫んだら、驚いて家から出て行ったけれど、またいつ来るかわからない。部屋を物でいっぱいにしておけば、大切な物は隠しておけて、安心できるじゃない。

 そのようなことがあったのですね。それは大変でしたね。部屋が物でいっぱいなら、大切な物を隠しておけますもんね。ちなみに、お母さんとの思い出の物や大切な物がどこにあるかご自身で把握されていますか？ **プロの技②** 支援者はここで焦って「ほかにも方法がありますよ。片付けれ

ばいいんです」と助言しがち。この段階ではまだ、本人が試行錯誤したことを「対処」として受け止め、現在の対処によって生じている生活の困りごとを共有する

 そうねえ。たしかに印鑑とか、小さい物は探すのにひと苦労しているわ。

 これだけの物があると、お一人で大切な物を探すのは大変ですよね。Bさんが物の位置を把握できるところまで、整理するお手伝いしてくれる支援者を紹介できますよ。

 信頼できるのかしら……。前のように「物を売ってくれ」と言われないか心配。

 私も一緒にいますので安心してくださって大丈夫ですよ。　**プロの技①・②**を繰り返しながら対話した結果、徐々に信頼関係が構築。ケアマネジャーが安心の媒体として存在するように

 うーん、部屋に人が来るのは歓迎しないけど。そうね……。あなたが一緒にいてくれるなら、話だけでも聞いてみようかしら。

対応後の変化

- **本人がヘルパー導入に同意し、片付けを一緒にする過程で「自分にとって大切な物は何か」を考え、本人が物を捨てるようになった**
- **「お供え物に虫がたかると、神様も食べられない」ことを共有し、生ゴミになりそうなものは腐らない食品（ハチミツ、蒸留酒）に変えた。**

<ruby>3<rt>ケース</rt></ruby> 統合失調症の被害妄想
近隣トラブル

困難ポイント

・妄想への対応を、具体的にどうすればよいかわからない。

・地域にいられなくなるような近隣トラブルは、早めに解決したい。

Sさん（70歳・男性）統合失調症、要介護1

事例の概要

• 若い頃に統合失調症の診断を受け、入退院を繰り返していた。

• 2年前に妻が他界し、遠方に住む長男はいるが、一人暮らしとなる。

• それからしばしば「隣の人が窓から自分の外出を見張っている」「近所の人たちが集まって私の悪口を言っている」「近所の人が皆すれ違いざまに馬鹿にした笑いを浮かべる」など、近隣の人の態度や表情を自分への評価と結び付けるようになっていた。

• 一人暮らしを危惧した子どもから、福祉課に相談があり、介護保険につながる。

現在の対応

□ 週2回、訪問介護を利用。ヘルパーに対しては穏やかに対応する。

□ しかし最近、近隣の人が道で話をしていたところに、Sさんが割り込んできて「お前ら、いい加減にしろよ！ 人の悪口ばかり言いやがって！」と怒鳴るという出来事があったようだ。

□ 後日、近隣の誰かから保健所に「何をされるかわからない。怖い」という相談があったとのことで、ケアマネジャーに対応してほしい旨の連絡が入った。

□ ケアマネジャーがその出来事について確認すると、Sさんは「（自分の）悪口を言い続けている相手が悪い！ あなたもそう思うでしょう！？」と憤り、同意を求められた。

□ ケアマネジャーは何も言えなくなり、黙り込んでしまった。

問題解決に役立つ アセスメントの視点

①妄想の段階を見極める

　「妄想」とは、不十分な根拠に基づく強固な確信性と、説明や反証による否定ができない信念を指し、その形成には段階があります。まずは、目の前の人の妄想がどの段階にあるか、見極めて対応する必要があります。本ケースのSさんは以下の図の段階2に当たるでしょう。

┃妄想の段階

段階1　妄想気分	段階2　妄想知覚	段階3　妄想着想
何かおかしいという漠然とした奇妙さを周囲に対して抱き、何となく不気味と感じられる体験。妄想の前段階と考えられており、統合失調症初期に出現することが多い。 **例**：「何だかいつもと違う気がする」「嫌な予感がする」と話す。	正常に知覚したことに対して、特別な意味づけをすること。 **例**：空を飛ぶ飛行機を見たことについて、「これは自分に対する神の啓示に違いない」と確信する。	突然の思いつきとして妄想的な意味づけがなされること。妄想の主題には被害妄想、心気妄想、関係妄想などがある。 **例**：「自分は神である」「世界を支配するような能力をもっている」と思いつく。

②妄想への対応をいったん脇に置き まず「思考」の根底にある「感情」への理解を優先する

　利用者の話が妄想と認識できても、支援者はどう対応すればよいのかわからない、という現場の声をよく聞きます。「話を合わせすぎると、妄想が助長されないか」「話だけ聞いて帰ってきたが、これでよいのか」など、自分の対応が不安になる人が多いようです。

　多くの専門書には、妄想への対応には「否定も肯定もしない」と書かれています。しかし、「否定も肯定もしない対応」とは、具体的にどうすればよいのか、私の経験からも、「それで対話ができるのだろうか」「よそよそしい感じにならないか」と混乱しました。

　そもそも、「妄想」は「思考」に影響を与えますので、支援者に理解しがたいことも多いでしょう。しかし、その「思考」から生じる「快」「不快」などの「感情」は、支援者にも共感・理解できるのではないでしょうか。実際、妄想の根底には「不安」「恐怖」「不信感」などのネガティブな感情が存在していることは少なくありません。

　この考えに至ってから、私は妄想そのものに対応するよりも、まずはその根底にある感情に理解を示すことから始めています。

問題解決に役立つ プロの技

□ 妄想の根底にある「感情」に理解を示す
□ その人が今なんとか対応している「行動」に焦点を当てる
□ 次に話す約束を行い、対話を継続する環境を作る

 妄想の根底にある感情に理解を示す

さらに対話を継続し続ける環境を作る 対応した行動に焦点を当てる質問をする

プロの技① 妄想の「事実」「認識」には中立し、妄想から生じる「感情」に理解を示す

　妄想に対して、「そんなことは気にしすぎですよ」「考えすぎではないですか」など、妄想の事実や認識を真っ向から否定してしまうと、本人を意固地にさせてしまったり、「わかってもらえない」という思いを強くさせてしまったりすることが多くあります。その結果、ケアマネジャーに相談しなくなることもあります。

　☞**アセスメントの視点** でも指摘したとおり、支援者でも、妄想から生じる「感情」に対しては自然に共感できる人が多いのではないでしょうか。そのため、**まずは妄想の「事実」「認識」に対しては、中立的な態度をとりつつ、妄想から生じる「感情」に理解を示しましょう。**

　具体的には以下のように、本人の発した言葉を引き受けながら、その一方で妄想に対して「支援者がどう感じるか」を返してみましょう。

▌妄想の感情に理解を示す共感例

- 「○○ということがあったのですね。そう感じる出来事があったのは、つらいですよね」
- 「○○ということがあると、恐怖を感じますよね」
- 「○○があると、どうなってしまうのかと不安が強くなりますよね」
- 「○○があると、家にいても安心できませんよね」
- 「○○があると、気が休まらないですよね」

プロの技② 自傷他害のおそれがある妄想は支援者の「心配」を伝える

感情に焦点を当てるとはいえ、たとえば自死をほのめかす、近隣の人を攻撃してしまう可能性がある場合など、自傷他害のおそれを感じるような妄想のときは、少し対応を変える必要があります。

具体的には、**「一歩間違えると取り返しのつかない状況になる」と本気で伝える**ことが必要です。本気で伝えるとは、支援者自身が心配したり不安だったりという気持ちを併せて伝える、ということです。そのために、支援者自身も、自分の気持ちに自覚的であることが必要になります。

そのうえで、「間違っていてもいいんです」「どうなっても構いません」という利用者もいるかもしれません。そのときは、「いつもはそこまで強硬ではないと思いますが……やけになっていませんか？」などと伝え、本人が、「いつもの自分ではないのかも」と気づき、行動を振り返るきっかけをつくりましょう。

プロの技③ 1回の対話で結論を出すのではなく、対話を続けられる関係を築く

1回の対話だけで何らかの結論を出して解決しようとするのは難しいものです。そこで、対話を続けられる関係を築くことはとても重要です。

そのためには、無理やり行動を変えさせようとするのではなく、プロの技①～③ を使いながら**「あなたの言葉を受け取りました」というスタンスを貫き、相手に感じてもらう**ことが大切です。

人は、「自分の意見を聴いてもらえた」という感覚があると、他者の意見に耳を傾けられるようになります。しっかりと話を受け止めてもらえた感覚があれば、ケアマネジャーの意見にも徐々に耳を傾けてもらえます。

対話を続けていくためには、次の機会にも、「話を聞かせてほしい」と会う日を決めておくのがコツです。通常は、次のモニタリングが約束しやすいでしょう。

そうすることで、ケアマネジャーのことを「自分の言葉を受け取ってくれる人」として認識でき、ケアの中断が少なくなります。

プロの技を 会話例で理解する

プロの技① 妄想の「事実」「認識」には中立し、妄想から生じる「感情」に理解を示す
プロの技② 自傷他害のおそれがある妄想は支援者の「心配」を伝える
プロの技③ 1回の対話で結論を出すのではなく、対話を続けられる関係を築く

 昨日もゴミ捨てに行ったら、近所の奥さんたちが意地悪な顔で悪口を言っていた。

 そうなんですね。**いわれのない誤解を受けると頭にきますよね。**
プロの技①

 本当に頭にくるよ！　今は無視をしているが、いつか文句を言ってやりたいよ。

 そうですね。ただ、文句を言いに行って、**もしその人たちがSさんの悪口を言っていなかったら、取り返しがつかなくなるのではないかと心配しています。** プロの技②

 別にかまわないよ。それくらい腹が立つんだ！

 それほどイライラしていらっしゃるということなんですね。**普段のSさんならそこまで強い姿勢にはならないと思うのですが、少しやけになっていませんか？** プロの技②　利用者が自分を客観視することを促す

 うーん……。まあ、いつもは話をすると、落ち着くんだけどね。毎日、悪口を言われると、さすがに頭にきてしまって……。

 毎日、悪口を言われるのはとってもつらいですよね。 プロの技①

 そうなんだよ！

先程もお伝えしましたが、**もし近所の奥さんたちが悪口を言っていなかったら、取り返しがつかなくなることを心配しています。**
✌プロの技② 再び支援者が心配していることを伝える

 うーん、そうだな。嘘をついて言い逃れされる可能性もあるしな。

 そうですよね。**ほかの方法を一緒に考えてみませんか。** ✌プロの技② たとえば、**今まで同じようなことがあったとき、どうされていましたか。**

 無視してはいたけど、最後はがまんできずに怒鳴ってしまったからなあ。

 そうですか。ちなみに今は、怒鳴らずに何とか過ごされていると思うのですが、**日々どのようにされていますか。**

 なるべく顔を合わさないようにしたり、あんたやヘルパーにも相談したりかな？

 こうして相談してみた結果、どうですか？

 気持ちを吐き出せて、少しは楽になるかなぁ。

 よかったです。こんなふうに話すのがＳさんにとってもよいことであれば、**次回、ケアプランのモニタリングも兼ねて、話を続けるのはいかがでしょう。** ✌プロの技③

 それは、こちらとしても助かるよ。よろしく。

対応後の変化

- 直接隣人たちに怒りをぶつける可能性を低減させた
- 気持ちをなだめる行動を明確化した
- 対話の継続に合意した

ケース 4 統合失調症の社会生活機能不全 薬の自己調整

困難ポイント

・治療の必要性を理解してもらえず、薬の自己調整が続いている。
・本人の内服への思いが、「面倒」の一言しか表出されていない。

指示通りお薬を…

面倒なのよ！

……

Iさん（70歳・女性）統合失調症、要介護1

事例の概要

・20代で発症。

・30代の頃、10年ほど長期入院したが、現在は落ち着いている。一人暮らし。

・経過見守りも兼ね、月1回の精神科受診時、ヘルパーによる通院介助を利用するため、介護保険を導入。

Iさんの処方内容

一般名	商品名	服薬量/回	服用時間
リスペリドン	リスパダール®	3mg	朝・夕食後
クロナゼパム	リボトリール®	0.5mg	朝・昼・夕食後
フルニトラゼパム	ロヒプノール®	1mg	就寝前

現在の対応

□ 上記の薬を処方されているが、時々薬の服用回数を自己調整しているらしい。詳しくはわからない。

□ 薬に関して主治医に伝えたいことがあるが、「先生は何を言ってもわかってくれない」とヘルパーに話している。

□ ケアマネジャーが、薬に対するIさんの思いを聞いたところ、「薬を飲むのがとても面倒で。先生に話しても、『必要なことなので続けてください』と言われるだけ」と話す。

□ ケアマネジャーが、「内服が面倒な思いがあることもわかります。でも先生も、また以前のように長期入院しないように言ってくれているのかもしれませんね」と伝えたところ、「あなたも病院と同じことを言うんですね。私の苦しみがわかるんですか。もう、今日は帰ってください」と強い口調で言われたため、やむなくその場を離れた。

問題解決に役立つ
アセスメントの視点

①「面倒」という言葉の背景を考える

現在の支援のなかでケアマネジャーがⅠさんに伝えたことは、真っ当な意見ではありますが、説得に近い発言です。「説得」は相手が納得できない場合、抵抗感を生みます。Ⅰさんの発言から、ケアマネジャーを「病院の肩をもつ人」と認識し、自分の味方とは感じなかったのかもしれません。

この場面でまずやるべきことは「薬を飲むことが面倒」という言葉の背景に、どのような思いがあるのかを考えることです。

②統合失調症の治療薬について知っておく

統合失調症の方に処方される薬は、大きく分けて精神病薬と非定型抗精神病薬の2つに分類されます。前者が従来からあるタイプの薬剤で、第一世代と呼ばれることもあります。後者が新規薬として1980年代後半から発売された薬剤で、従来型と比べ副作用が少ないと言われており、現在では統合失調症治療の第一選択薬となっています。

③コンプライアンスからアドヒアランス、そしてコンコーダンスへと

コンプライアンス（complianace）とは、「医療者が指示した健康行動や治療行動への患者の遵守」という意味があり、最適な医療は医療者側が決定し、患者はそれに従うべきという前提があります。アドヒアランス（adherence）は「医療者と患者の相互理解のうえで、患者が積極的に治療に関わるべき」という前提があります。つまり、患者の治療に対する意思の強さとも言い換えることができます。

急性期医療ではどちらの考えも重要なのですが、地域ケアや在宅ケアにおいては、もう一歩踏み込んだ、コンコーダンス（concordance）という概念が必要になってきます。コンコーダンスとは、患者のライフスタイルと治療との調和を前提として、医療の先にある患者自身の価値観や信念、ライフスタイルに医療者が調和していくという考え方です。

定義上、医療者という言葉を使っていますが、ケアに置き換えると、支援者という言葉で言い換えてもらえれば、フィットするのではないかと思います。

問題解決に役立つ プロの技

□ 薬を飲むよう説得するのではなく、言葉の奥の「伝えたいこと」を探る
□ 主治医と薬についてどのように話し合うのか、一緒に考える
□ 主治医と話をした内容を振り返る

実際の診察時の やりとりを確認 ▶ 課題を明確化 ▶ 医師への 伝え方を検討 ▶ 振り返り フィードバック

プロの技① 「相手が本当に伝えたいこと」の意味を 推測し、言語化する

　「薬を飲むことが面倒」という言葉の背景を探るには、本人の言葉にどのような意味が込められているのか、それを推測することが必要です。

　たとえば、「本人の大切にしているものは何か」「何を重要視し、何を重要とみなしていないか」「何に焦点を当て、何を無視しているか」「何を強調しているか」など、これらを頭に浮かべながら、対話を重ねます。

　ただし、注意点がひとつあります。これらはあくまでも推測ですのでその意味を本人に確認し、一緒に意味を探るというやりとりが必要です。

　Ｉさんの場合であれば「薬を飲むことが面倒」という言葉から、「治療に対して前向きではない」ととらえるのではなく、「内服よりも重要視している何かがあり、結果として"面倒"という言葉を表出しているのかもしれない」。そうとらえることで、別の意味が見いだせるでしょう。

▌本人の話の意味を探るポイント

・本人の大切にしているものは何か？
・何を重要視しているか？または軽視しているか？
・何に焦点を当て、何を無視しているか？
・何を強調しているか？

「薬を飲むことが面倒」の言葉の意味の推測

✕ 治療に対して前向きではない

◯ 内服よりも重要視している何かがあり、結果として「面倒」という言葉を表出しているのではないか

✋プロの技② 「主治医とどのように話すか」を一緒に考える

　薬のことにかかわらず、「医師に話をしても受け入れてもらえない」「噛み合わない」「薬の話をしたら失礼ではないか」という思いをもつ人は多く、本人自身も主治医との対話を諦めていることがあります。

　そのような関係が見えたときは、もう一度、主治医と話し合うことを検討しましょう。ポイントは、まずこれまでの主治医とのやりとりで、どのような事実があったかを確認することです。短い診察時間のなかで、即興に言葉を紡ぎ出すわけですから、適切に思いが伝わっていないことも多いのです。

　次に十分に思いが伝わる伝え方を考えていきましょう。その内容は抽象的な内容ではなく、具体的かつ明確になるようにサポートしましょう。例えば、「薬を飲みたくない」とだけ伝えていたのであれば、具体的に理由を添えるということです。よくあるのは「脳に作用するから飲み続けるのが怖い」とか「もう症状がないから治ったと思う」といった理由です。このような理由が明確になると、本人自身も何を伝えたかったのかが整理され、より伝えやすくなります。

　最後に本人の懸念事項を払拭できる言葉を選んでいきます。先述の例で挙げた「薬の話をしたら失礼ではないか」と思っている人であれば、失礼にあたらないような伝え方を具体化し、演劇のセリフのようにメモに記しておきます。それでも不安がある人には、本番をイメージしたリハーサルを行うとよいでしょう。

　これらの準備を行うことにより、短い診察時間でも的を絞って自分の思いを伝えることができ、主治医も内服に関しての困りごとを把握しやすくなります。

▎**主治医と話す際のポイント**

- 本人の治療・薬・生活等への思いを引き出し整理する
- これまでに主治医とどんなやりとりがあったかを振り返る
- 本人の思いをどうやって主治医に伝えるか、本人と一緒に考える
- 診察時に話したい内容をメモし、実際に話してみてもらう

🖐 プロの技③ 剤形や服用頻度を検討できる薬はないか 主治医と話し合う準備をする

　プロの技② を活用し、本ケースのⅠさんが話しているような薬の服用回数についても話し合えるように準備しておきましょう。

　内服したくない理由が、「錠剤の数が多くて飲みにくい」「仕事の事情で内服回数を減らしたい」といった場合、剤形や飲む頻度を変更できる可能性があるからです。

　もちろん原則として、その人の症状に合わせて薬は処方されているので、その処方どおりに服用することが理想的です。しかし、切実な事情があると服薬行動に結びつかないことも事実です。

　薬は錠剤だけとは限りません。液剤もあれば、口の中で溶ける口腔内崩壊錠もあります。これらは、水がなくても飲めますので、場所も選びません。

　また、服用回数でいえば、たとえば1日1回の服用で効果が発揮できるものであっても、副作用の影響を減らすために分けて処方されているケースもあります。しかし、Ⅰさんのように回数を自己調整している人の場合は、その自己調整により、飲まないことや、飲み過ぎてしまうことが、すでに起こっていることもあります。そう考えると、そのリスクを減らすことを優先する医師の判断もあり得ます。

　このように生活スタイルやリスクとのバランスを考えて、その人に合った飲み方を選択できる可能性を探る必要があります。

　私たちは、そのサポートとして、次の受診までに主治医と薬について何をどんなふうに話すのか、本人と一緒に準備をしておきましょう。

▌主治医との対話で薬剤変更を検討

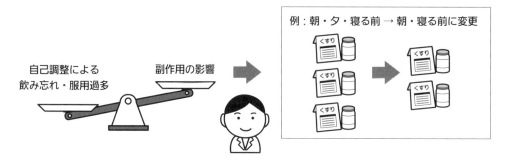

自己調整による
飲み忘れ・服用過多　　　副作用の影響

例：朝・夕・寝る前 → 朝・寝る前に変更

本人からの適正な情報とコミュニケーションにより、医師が薬を調整することは十分あり得る。

🖐 プロの技④ 主治医と話をした結果を共有してもらう

　主治医と話をした内容については、後日、支援者側から必ず確認しましょう。そのときに単に「結果はどうでしたか」という確認だけではなく、次に同じようなことがあった場合、今回の主治医と話をした経験を活用できるように振り返りましょう。

　「先生はどのようにおっしゃっていましたか？」「ご自身の思いを伝えられた手応えはありましたか？」など、そのときの経験を言葉にできるようサポートします。この振り返りのタイミングは、受診直後でなくてもかまいません。少し期間が空いたとしても、対面で行いましょう。なぜなら本人の表情からも、うまくいったかどうかが伺えるからです。ケアマネジャーであればモニタリング時など、訪問した機会を活用しましょう。

　また、本ケースでは薬のことでしたが、これが本人の生活上の悩みや対人関係の悩み、治療上の相談ごとであっても、主治医に相談する際の準備については、基本的な流れは同じです。

　このように、本人自身が医師とのやりとりを行う力をもてるように支援することはとても大切です。主体的に治療へ参画することが可能になり、希望に沿った治療計画が立てられやすくなるでしょう。

▌診察の後に聞いてみること

- ・診察はどうでしたか？
- ・準備したら、今までとどう違いましたか？
- ・伝えたいことは、話せましたか？
- ・先生の反応は、どうでしたか？
- ・作っていったメモは活用できましたか？
- ・先生はどのようにおっしゃっていましたか？
- ・今回の経験は次にも活かせそうですか？
- ・先生と話し合うことで何か気づいたことはありますか？

プロの技を
会話例で理解する

 プロの技① 「相手が本当に伝えたいこと」の意味を推測し、言語化する
 プロの技② 「主治医とどのように話すか」を一緒に考える
 プロの技③ 剤形や服用頻度を検討できる薬はないか主治医と話し合う準備をする
 プロの技④ 主治医と話をした結果を共有してもらう

後日 I さんに「言葉のかけ違いがあったようなので、もう一度話をしたい」と連絡し、訪問した。

 あれから I さんの「薬を飲むことが面倒」という言葉を考えてみました。**もしかすると内服以上に何か大切なことがあって、「面倒」という言葉になったのではと感じたのですが、どうでしょう。** プロの技①
言葉の奥にある伝えたい思いを探る

 薬を1日4回も飲まないといけないの。病院では待ち時間が長いのに、診察は10分ほどで終わってしまい、話したいことも話せなくて……。

そういう状況から「面倒」と感じるようになったんですね。I さんとしては、診察のときに、もう少し薬についてお話ができるといいですか？　 プロの技② の導入をつくる

そうね……けど先生は「必要な薬なので続けて」と言うだけ。わかってくれないと思うの。

そうなんですね。**薬について、先生にはどのように伝えていますか？**
 プロの技② 具体的なやりとりを明確化

そのまま……「薬を飲むのが面倒」と言っているわ。

なるほど。もしかすると、伝え方を変えてみると先生の答えも変わるかも。**よければ一緒に考えてみませんか。** 診察時間が短いので、**伝えたい内容をメモに書いて準備しておけば、それを渡してもいいですし。**
 プロの技② 伝え方を考える動機づけ

そうね。やってみようかしら。

 はい！　まず、Ｉさんは薬を飲むのがどんなふうに面倒なのか、教えていただけますか？

 朝起きる時間が遅いと、昼と朝の分を一緒に飲んでもいいか迷うの。そういうときは朝の薬を飲まずに昼の薬だけ飲むわ。あと、外出すると昼と夕の薬を忘れることも……そのときは飲まないんだけど、そういうことが続くと、薬を飲むこと自体が面倒になってきて……。

1

ケース4

統合失調症の社会生活機能不全×薬の自己調整

 そういう面倒さなんですね。次の受診で、今話された内容を伝えてみるのはいかがでしょう。**そのときに薬を飲む時間をまとめられるか、相談してもいいかもしれません。** 👌プロの技③　服用頻度を主治医に相談する準備

 そうしてみます。

一次のモニタリング時

 先日の診察はどうでしたか？　👌プロの技④

 今までよりも伝わった感じがあったわ！　朝と夕のリスペリドンは、忘れたら気がついたときに服用していいけど、1日の量は必ず決められたとおり飲んでくださいって。それ以外の薬は減らせるみたいで、昼のクロナゼパムを減らしてくれたの。これだけでもだいぶ面倒さは減ると思う。それに、メモを作っていたのも、診察で慌てずに済んでよかった。

 伝えたいことを準備しメモしておく方法は今後も活用できそうですか？　👌プロの技④　次の活用に目を向けた問いかけ

 そうね。次も同じようにやってみるわ。

対応後の変化

・**診察時に自分の思いや考えを適切に伝えられるコミュニケーション方法を一つ獲得した**

5 統合失調症の幻聴 錯乱・警察による保護

ケース

困難ポイント

明らかに幻聴があるのが、本人に症状として認識してもらえないため、
現実的な対応・対策が立てられず、再度の警察介入を防ぐすべがない。

Uさん（60代後半・男性）統合失調症、要介護1

事例の概要

- 30代の頃、パワーハラスメントを受け、精神的な不調をきたした。出社できなくなり、会社を退社。

- 退社後しばらくして、上司の声で「殺すぞ」「のろま」「この能なし」等と聴こえるようになり、「仕事ができない自分を上司が監視し、脅迫している」と思い、布団をかぶり部屋にこもる生活に。

- 買い物に行ったとき、周りの音をかき消すほどの声で「死ね！」と上司の声が聴こえた。その場で「うわぁー」と叫び、錯乱状態に。警察に保護され精神科病院に入院し、統合失調症と診断された。

現在の対応

□ 就労支援を受けたが就労できず、生活保護を申請。その頃から訪問介護を利用している。

□ 65歳となり、介護保険サービスへの切り替えにより、ケアマネジャーがかかわるようになった。

□ 現在も上司からの叱責や攻撃性のある言葉が聴こえており、以前のように、町中で頭を抱えて大声を出すことがある。そのたびに警察に保護され、生活保護課の担当者が身元引受人として迎えに行っている。

□ ケアマネジャーが警察に保護された状況を振り返り、「幻聴が強く現れていたのではないですか」と確認すると、「幻聴ってどういう意味ですか。今も上司が大きな声で攻撃してきているんですよ」と話した。

□ ケアマネジャーは、「Uさんは自分が病気であることを認識していない（病識がない）」ととらえ、対応に行き詰まりを感じている。

①「病識」ではなく、本人の「病感」に着目する

　幻聴（幻覚）をもつ人とかかわる際、支援者が「どうすれば病識のない本人に（それが病気によるものだと）わかってもらえるのか」と悩むことは少なくありません。

　しかし、本人に「病識」をもたせたいという視点のみにとらわれてしまうと、本ケースのように、かえって対応が行き詰まってしまうこともあります。

　そのようなときは、「病感」に着目するという新たな視点が必要です。病感とは、本人自身が感じる具合の悪さや、少し変だなという感覚、もしかしたら病気かもしれないと疑いをもつ気持ちです。本人がそうした病感をとらえることが、行き詰まりを脱するカギになります。

　ただし、単に対話を重ねただけでは、病感に触れる言葉が本人から自動的に表出されるわけではありません。病感を引き出すには、**プロの技** で示すポイントを押さえる必要があります。

‖ Uさんの場合の「病識」と「病感」

病 識	病 感
私は統合失調症だ これは統合失調症の幻聴だ	上司の声が大きくなると 具合が悪くなるな 叱責や攻撃性のある言葉が聴こえると、 本当につらいなあ

②本人が自分の認識を安心して話せるよう、心理的に安全な環境を整える

　幻聴（幻覚）の有無は本人に直接確認しなければわかりません。しかし、このケアマネジャーが聞いたような「幻聴が強く現れていたのではないですか」というダイレクトな確認では、正直に話してもらうことは難しいでしょう。

　このような直接的な質問は「病気だと思われているのではないか」「主治医に報告されて薬を増やされてしまうのではないか」と受け取られ、支援者に警戒心を抱きます。もちろん、支援者自身にそのような思いがなかったとしても、誤解を招きかねません。不必要な勘ぐりをさせてしまうことは、関係性にも影響を及ぼします。支援者は、そのことに自覚的にならなければいけません。

　では行き違いを最小限にする具体的方法とは何か。**プロの技①** に示している「一般化」といわれる聞き方を推奨します。この技術は警戒心を緩めるだけでなく、症状を「自分だけが経験していることではないんだ」と思えるきっかけにもなるでしょう。

【参考文献】春日武彦『援助者必携　はじめての精神科　第3版』医学書院、2020年、p.143

問題解決に役立つ
プロの技

- □ 「その状態なら誰でも起こること」と前置きをする
- □ 本人が幻聴をどうとらえているかをとらえる
- □ 幻聴による生活への影響に焦点を当てる
- □ 幻聴への対処をリストアップする

一般化した質問 ▶ 本人の幻聴の とらえ方 ▶ 幻聴による 生活影響に焦点化 ▶ 対処を リストアップ

プロの技① 「誰にでも起こる」「一般的なこと」などの 前置きをしてから幻聴の有無を確認する

　警戒心を抱かず、幻聴について話してもらうには、どうしたらよいか。

　いきなり本題に切り込むのではなく、「多くの人が同じような状況下に置かれると経験することがある」という主旨の前置きをし、語っても危害を加えられないという安心感をもってもらうことが大切です。

　「あなただけが特別なのではない」「一般的なこと」だと共有されることで、本人の「否定されるかも」「異様だと思われるかも」という警戒心が解きほぐされ、語りづらさがやわらぎます。

▎支援の入り口となる声かけの例

- •「ストレスが大きくなると多くの方が経験されることなのですが、
  誰もいないときに声や音を聴いたことはありませんか？」
- •「不眠が続くと多くの方が経験されることなのですが、
  ほかの人が体験しているとは思えない奇妙な体験はしませんでしたか？」
- •「相手の言葉や態度が気になると多くの方が経験されることなのですが、
  自分に危害を加えてくるといった声が聴こえくることはありませんか？」

プロの技② **本人が幻聴をどうとらえているかを確認する**

　本人自身が幻聴をどう認識しているのか、それをどうコントロールしているのかを確認します。アセスメントのポイントは以下の5つです。

▌幻聴をアセスメントするポイント

> **Point 1** ▶ ● 声の主は誰か。
> **Point 2** ▶ ● どのような意味や目的をもって話しかけてくると考えているか。
> **Point 3** ▶ ● 声に従わざるを得ない状況や、放っておけない場面が現れるか。
> 　　　　　　　そのような場合、どのような考えに基づき従わざるを得ないのか。
> **Point 4** ▶ ● 声を黙らせる、声量を小さくするなどのコントロールは可能か。
> **Point 5** ▶ ● 一日のうち、声が聴こえる頻度や時間はどの程度か。
> 　　　　　　　声が聴こえやすい場所や場面に特徴はあるか。

プロの技③ **幻聴がどう生活に影響しているのかを 明らかにし、これまでの対処をリストアップする**

　プロの技② で、支援者が「本人の幻聴に対する認識」を理解できたら、次に幻聴が日常生活にどう影響しているかを明らかにする必要があります。その兆候をつかむことで、幻聴が生活を脅かすことがないようにするためにはどう対処すればよいかを、本人と一緒に考えることができるようになるからです。

　「何をやったか」「その結果はどうだったのか」など、本人の対処と、その効果を明らかにしていきます。ここで確認した内容は、ノートやスマートフォンのメモ機能などを活用して、忘れないように書き記してもらいましょう。次に同じ幻聴が現れたときに対処しやすくなります。

▌幻聴が日常生活へ与える影響の例

> ・幻聴がうるさくて眠れない
>
> ・一日中、声に従った生活をしてしまう
>
> ・やりたいことがあっても、声が邪魔をする
>
> ・人が多いところに行くとその声量が大きくなり、
> 　その場から離れないと苦しい
>
> ・聴こえると嫌なので、外に出ることが怖くなる

プロの技を 会話例で理解する

 プロの技① 「誰にでも起こる」「一般的なこと」などの前置きをしてから幻聴の有無を確認する

 プロの技② 本人が幻聴をどうとらえているかを確認する

 プロの技③ 幻聴がどう生活に影響しているのかを明らかにし、これまでの対処をリストアップする

 今でも上司が大きな声で攻撃してくるのは続いていますか？

 うーん……どうだろう……。

 ストレスフルな環境が続くと、攻撃的な声が聴こえてくることが一般的によくあるんですよ。それがUさんにも起こっているのかなと思いまして。 プロの技① 一般化した前置き

 そうだね。常に上司が「バカ」とか「のろま」とか言ってきて、苦しいね。 少し安心したのか、利用者が「病感」を表出している

 それは苦しいですね。**上司はどういう目的があってUさんを責めてくるんでしょうか。** プロの技② 声の目的をどう認識しているかを確認

 仕事のときにヘマばっかりやっていた俺がうっとうしくて、今も恨んでいるんだと思うよ。

 そうなんですね。常に上司の声が聴こえるんですよね。**そのとき、Uさんはどうされているんですか？** プロの技③ 幻聴が生活にどう影響しているのかを確認

 家では声が大きくないから無視できるんだ。外出したときに大きくなることが多くて……。スーパーのレジでお金を払うときや、飲食店で注文するときなんか、「のろまのお前が、それを買ってどうするんだ」とか……。

それはつらいですね。**その声が大きくなったときはどうするんですか。**
🤟**プロの技③　対処を確認**

急いで買い物を済ませるんだけど、店を出たあとも声が続くことがあって……。そのときに上司の声をかき消すために大声を出すことがあるんだよ。そのときに警察に保護されたんだ。

そうだったんですね。ちなみに声が大きくなったとき、**大声を出す以外に何かやったことなどはありますか？**　🤟**プロの技③　ほかの対処も模索する**

昔はイヤホンで音楽を聴いたりしていたよ。今思えば、わりとそれでやわらいだことがあったな……。

そうなんですね。その対処は今も取り入れられそうですか？

スマホがあるので音楽をイヤホンで聴くのは、すぐにできそう。やってみようかな。

※その後、スマホに対処をリストアップし、いつでも確認できるよう準備した。

対応後の変化

- **症状がどのように影響し、警察に保護されたのかが明らかになった**
- **次に同じ幻聴が聴こえたとき、どのように対処するかの対策を立てることができた**

1

ケース5 ── **統合失調症**の幻聴×錯乱・警察による保護

2 双極症

絶対押さえておくべき症状

躁状態

高揚した爽快な気分や夜も寝ずに声が嗄れるまで喋り続けたり、あるいは一晩中、活動し続けるなどといった行動が現れる。

うつ状態

興味・喜びを失い、普段現れるはずのないうっとうしい気持ちが襲ってくるつらさがある。症状は、興味や喜び、関心を失い、抑うつ的な気持ちが続く。

混合状態

躁状態からうつ状態へ、または、うつ状態から躁状態へといったように、躁とうつの症状が混合して現れる状態。

主な症状

躁状態

　双極症は、躁状態とうつ状態を繰り返す疾患です。Ⅰ型とⅡ型に分類され、その違いは躁状態の程度です。Ⅰ型は入院が必要なほど激しい躁状態が認められ、Ⅱ型は明らかに「ハイ」にはなっているけれども入院を要するほどではない軽躁状態が認められる状態です。

　躁状態の症状としては、高揚した爽快な気分になり、自分がとても偉くなったと感じたり、夜も寝ずに声が嗄れるまで喋り続けたり、あるいは一晩中、活動し続けるなどといったことがあります。本人自身は、過活動による疲れを自覚できず、身体は消耗していきます。さらに進行していくと誇大妄想が現れることもあり、たとえば「自分には国を動かせる超能力がある」といった話をすることもあります。

うつ状態

　一方、うつ状態は、あるべき意欲がなくなるというようなものではなく、普段現れるはずのない、うっとうしい気持ちが襲ってくるようなつらさです。症状としては、興味や喜び・関心を失い、たとえば、やりがいを感じていた仕事に、まったくやる気を感じなくなったり、子どもが駆け寄ってきても、可愛いと感じることができなかったりします。さらに進行するとうつ病で紹介する貧困妄想や心気妄想、罪業妄想といった妄想が現れることもあります。

混合状態

　躁状態からうつ状態へ、あるいはうつ状態から躁状態へ変わるときに混合状態を示すことがあります。混合状態とは、躁とうつの症状が混合して現れる状態です。たとえば、ひどく興奮して行動は活発でしゃべり続けているのに、気分は死にたくなってしまうほど憂うつになっているといった状態像を示します。

主な治療

薬物療法

　主に使われるのは、気分安定薬に分類される薬剤です。なかでもリチウムは躁状態、うつ状態を改善するだけではなく、予防作用もあり、双極症の適応薬剤の代表です。ところが、精神科の数ある薬のなかで、使い方が難しいと言われているのも、リチウムです。その理由は、薬の効果が現れる血液のなかの濃度と、中毒濃度が非常に近いからです。中毒になると、意識がぼんやりしたり、吐き気がしたりなどの症状が現れます。そして、その状態が続くと腎臓に障害を起こすこともあります。また、リチウムを服用されている人は、脱水に注意する必要があり（脱水になると血中濃度が上昇する）、定期的に血中濃度を測定します。リチウム以外の気分安定薬については、表にまとめていますので、参考にしてください。また、気分安定薬以外にも非定形抗精神病薬のオランザピンやクエチアピン、アリピプラゾールなどが処方されることがあります。

分類	一般名（商品名）	作用	主な副作用
気分安定薬	リチウム（リーマス）	躁状態、うつ状態に有効性があり、予防する作用がある。	手指振戦、口渇、腎障害、白血球増多、甲状腺機能異常など
	ラモトリギン（ラミクタール）	双極症における気分エピソードの再発・再燃抑制、	スティーブン・ジョンソン症候群など
	バルプロ酸（デパケン）	躁状態、混合状態に有効性がある。	肝障害、吐き気、食欲不振、高アンモニア血症など
	カルバマゼピン（テグレトール）	躁状態に有効性がある。	スティーブン・ジョンソン症候群、白血球減少など

＊スティーブン・ジョンソン症候群：重篤な皮膚障害。最初は全身の発疹で始まるが、放置していると肝臓や脾臓が腫れ、高熱がでる。場合によっては生命の危険に至るほど重篤な状態になる。
＊非定形抗精神病薬については、統合失調症の頁を参照。

心理教育

　心理教育と疾患教育は混合されることがあるのですが、その内容は異なります。心理教育は、病気について勉強してもらいながら、当事者の心に生じる反応を把握し、理解を示しながら進めます。方法としては、医師や看護師、精神保健福祉士、心理士といった専門職と1対1で行うこともあれば、集団で行うこともあります。また、同じ双極症をもつ人が集まって、自分の経験をもとに、病気のことや対処方法について情報共有することもあります（自助グループ、ピアサポート、セルフヘルプグループと呼ばれる）。双極症の心理教育の目標について、以下にまとめました。

- 疾患とその治療法について正しい知識をもつ
- 疾病および治療の必要性を受容する
- 今回の病気のきっかけをはっきりさせ、今後ありそうなストレスを予測し、減らす方法を考える
- 気分の状態を自覚できるように援助するとともに、再発の初期徴候を知り、家族と共有する
　こうした心理教育を行うためのパンフレットが、日本うつ病学会のホームページで公表されています。

＊日本うつ病学会：一般の方へ https://www.secretariat.ne.jp/jsmd/ippan/shiryo.html

ケース 1 双極症の軽躁状態 一日数十回の電話

困難ポイント

一日数十回の電話に対応しているが、一向に状況が改善しない。

事例の概要

- 30代で抑うつ状態になり、40代で双極症と診断。

- 以前は息子夫婦と住んでいたが、言われた言葉に敏感に反応する傾向があり、「あのとき、なぜ○○と言ったの？ その言葉がずっとつらい」と一日に数回、時には何十回も訴えることが続いた。

- そのように頻回に続く訴えに、息子夫婦も疲弊し、近隣ではあるが別居することを決意した。

- その後は一人暮らし。介護保険を利用し、週1回の訪問介護と週2回のデイサービスを利用するようになっている。

Kさん（70歳・女性）双極症（I型）、要支援2

現在の対応

☐ 支援者にも、言われた言葉が気になり始めると、納得するまで電話をかけ続ける傾向がある。多いときには一日に30回ほど、事業所に電話がある。

☐ 電話の内容は、「ケアマネさんが××と言った理由は何？」「ケアマネさんに△△と言われて、そのつらさが今も続く」など。

☐ Kさんの納得できない応答だった場合、「あなたは私の話を聞いていない。すごく傷ついた。あなたのせいで苦しい気持ちになっ

た。それでも支援者ですか！」と思いをぶつけてくることもあった。

☐ そのような状況が続いたことから、Kさんの電話に対して「また話を聞いていないと思われるのではないか」という不安が強くなり、電話口で萎縮したまま話に応じることとしかできなくなってしまった。

問題解決に役立つ
アセスメントの視点

①生活面から症状を観察する

　双極症固有の症状として「気分の波」がありますが、それは目に見えるものではありません。そのため、生活面にあらわれる行動をよく観察することが必要です。**双極症の疾患解説（p.56）**を参照して、典型的な症状を観察してみましょう。

　Ｋさんの、傷つきやすく、それが表出して行動に出る状況は、「イライラしやすい」という項目に当てはまります。完全な躁状態とは言えないまでも、気分はやや高揚気味なところから、躁状態の一種、または躁状態の前兆が現れていると考えられるでしょう。

②電話だけで何とかしようと思わず仕切り直しの訪問を視野に入れる

　一日に数十回の電話がかかっている状態では、電話対応だけで何とかしようとしても、うまくいきません。

　このような場合はまず、仕切り直しのための機会を作ることが必要です。具体的には、電話対応は短時間にとどめて、対面での接触をもつように設定してみましょう。次にその対話例を示します。

●一日に数十回の電話が続いている状態から、仕切り直しの訪問設定をする場面

 この前、あなたに「外に出て動いたほうがいい」と言われたことが、自分は怠け者だと言われているようでつらかった。なぜ、あんなことを私に言ったのか理由を教えてちょうだい。

 Ｋさんが毎日、単調な生活で退屈だとおっしゃっていたので、外出すると気分転換にもなるかなと思ったんです。

 気分転換になるわけないじゃない。今はうつ状態なんだから。そんなこともわからないの。その言葉で傷つき、落ち込んで夜も眠れないのよ。だいたい、いつもあなたは……（30分ほど同じような話が延々と続く）

 Ｋさんの思いはわかりました。**電話では言葉がすれ違うといけませんので、一度、Ｋさんのご自宅に訪問させていただき、このことについて話をしませんか。**

 そうね。そうしてちょうだい。

問題解決に役立つ
プロの技

□ 電話対応では堂々巡りが続くため、「対面」の対応で仕切り直す
□ 訴えの「背景」をとらえ直し共有する
□ 不快な感情が現れた時点で表出してもらう

苦しみを受け取る ▶ 理解を確認 ▶ ズレを感じたとき の方策を検討 ▶ 自己モニタリング 方法を模索

プロの技① まず謝罪するのではなく、 先に「訴えの背景」を明らかにする

　今回のKさんの電話内容は、表面的には支援者に対するクレームととらえられる内容です。そのため、まずは「あなたにそのような思いをさせてしまって申し訳ありません」と謝罪すべきなのでは、と思われるかもしれません。

　しかし、Kさんが何十回と電話してくる背景が明確にならないまま謝罪をするのは早計です。たとえ謝罪したとしても、根本的な解決には至っていないので、この場はやり過ごせたとしても、今後、同じような言葉のかけ違いが生じたときに、再び何十回も電話がかかってくるでしょう。

　謝罪をする前に、何度も電話で訴えてきている訴えの背景に目を向けていきましょう。その訴えの背景から、電話をかける動機をとらえていきます。

▎訴えの内容を明確化

 場当たり的な謝罪

・根本的解決になっていない

・本人も気持ちが収まらない

・訴えの背景があいまいなまま進み、
　同じことがまた起こる

○ 訴えの内容を明確化

・根本的解決を目指せる

・相互理解を深められる

・本人の気持ちを理解できる

▌Kさんの訴えの背景を明らかにする

「自分は怠け者だと言われているようでつらかった」

その背景には……

「自分の苦しみをキャッチしてもらえていない感覚がある」ため、
「今後も苦しみを増幅する言葉をかけられるかもしれない」という不安がある

と推測できる。

✋ プロの技② 苦しみの理解を双方で一致させる

プロの技① で苦しみの背景をアセスメントしたら、苦しみの意味を一致させておきましょう。

Kさんの場合も、「支援者に言われた言葉で傷ついた」というところまでは明らかになっていますが、その傷つき体験によりどのような苦しみが生じているのかまでは、不明確なままです。実際にどのような言葉に傷つき、苦しんだのかを、本人と対話を通じてすり合わせてみましょう。

✋ プロの技③ 不快な感情が現れた時点で表出してもらい、思いのズレを埋める

不快な感情というのは、時間が経過すればするほど膨らんでいくものです。たとえば、「事実ではないことまで、事実かのように語られる」ということはよくあります。しかし、当の本人は、支援者を陥れようという気持ちは微塵もなく、それを本当に事実として認識しています。不快な感情からネガティブな思考が増幅し「きっと、こうに違いない」という思いが、いつの間にか事実として誤認されてしまうのです。

この段階までいくと、真偽を明らかにするのはほぼ不可能です。その予防策として、日頃から「不快な感情が現れた時点でメモなどに表出してみてください」とお願いしておきます。そして、表出したときには（必ず対面で）思いのズレを埋める対話を行いましょう。表出した都度訪問できればよいですが、緊急性がなければ、月1回のモニタリング時で構いません。

プロの技を
会話例で理解する

 プロの技① まず謝罪するのではなく、先に「訴えの背景」を明らかにする

 プロの技② 苦しみの理解を双方で一致させる

 プロの技③ 不快な感情が現れた時点で表出してもらい、思いのズレを埋める

約束を取りつけた訪問場面

 あれから考えてみたのですが、**Kさんには、ご自身が訴えている苦しみをきちんと受け取ってもらえていない感覚があるのではないかと感じました。** プロの技① 訴えの背景を明確化

 そうよ。何十回も電話して伝えているのに、やっぱり何もわかっていないじゃない。この際だから言わせてもらうけど、電話のときは気分が上がり気味で疲れは感じないけれど、電話を切った後にどっと疲れがやってくるの。私の病気のことも本当に理解しているのかしら。

 電話のときには気丈に振る舞われて、疲れは感じないけれど、それは気分の上昇がそうさせているのであって、エネルギー消費は大きく、その後の疲れにもつながっているということですね。 プロの技② 苦しみの意味を明確化

それがわかっていたら、あんな対応にはならないはずよ。

私の理解にズレがあるといけないので、ここまでのお話を確認させてください。**Kさんが望む対応とは、「病気の特性上、ささいな言葉にも気分の波が影響することがあるから、支援者は言葉の一つひとつに配慮してほしい」**と私は理解したのですが、いかがですか。

そうよ。けど、それって支援者として当たり前じゃないの。

はい。Kさんのおっしゃっていることはもっともです。私たちも、その期待に応えたいので、**Kさん自身が「あれっ」と違和感を感じたと**

きには、今のようにありのままの思いを伝えていただきたいんです。

✋ プロの技③ ズレが生じたときの方策を共有　その場でやりとりできれば、K
さん自身もそうした悶々とした気持ちを長い時間抱えずに過ごせると
思うんですね。これまで電話で何十回とやりとりしましたが、今日ほ
どの話の深まりはなかったと思うんです。それに、電話では感情ばか
りがエスカレートして、逆にKさんの気分の波が強くなるのではない
かという心配もあります。

まぁ、たしかに感情がエスカレートすることはあるわね……。けどね、
その場ではちょっとした引っかかりでも、あとから、言われた言葉が
気になってイライラしてくることもあるのよ。

あとから思い出すこともあるんですね。これは私からのご提案になり
ますが、**もし可能であれば、気持ちの面で一時保留できるように、K
さんの思いをメモに書きとめていただき、月に1回のモニタリング時
に話し合うのはいかがですか。** メモの最後に次のモニタリング時の日
付を書き、「ケアマネと話し合う」と記載しておくのはいかがでしょう。
次の訪問時に対話するという行動の定着を図る

メモね……。今日のやりとりで、電話よりも会って伝えるほうがいい
とは感じたわ。一度、やってみるわね。

対応後の変化

- 電話を数十回かけてまでも訴える背景を理解できた
- 不快な感情をため込まず、支援者に伝えるための環境設定を整えた
- 対面による話し合いの有効性を本人が認識した

2

ケース1　双極症の軽躁状態 × 一日数十回の電話

ケース 2 双極症の感情の波 支援者の巻き込まれ

疾患の特性上、気分の波があることは理解しているが、その波に支援者自身が巻き込まれてしまう。

「一人…もうムリ！」

ぐすん…

ぐすん…

この服買っちゃったー どう？ いいかしらー？

Jさん（67歳・女性）双極症（Ⅱ型）、要支援1

事例の概要

- 30代で双極症と診断された。現在は一人暮らし。

- 以前は障害福祉のヘルパーを利用していたが、65歳になり介護保険への切り替えに伴い、ケアマネジャーがかかわるようになった。

- 週2回、ホームヘルパーによる生活支援を受けているが、気分が高揚しているときは、ヘルパーが調理中であっても、ひっきりなしに話しかける。

- 一方、気分が落ち込んでいるときは、ケアマネジャーのモニタリング時にも、「一人でいることが寂しい。私はこのまま孤独死するんだろうか」と、悲観的な発言が認められる。

現在の対応

☐ ある日、Jさんから電話があり、「もう私、一人が耐えられない。あなただけが頼りなの」と泣きながら訪問を希望した。

☐ 数日後、ケアマネジャーが臨時に自宅を訪れると、電話のときとは一変し、大声で笑いながら近況を話す。「深刻な状況があったのでは？」と確認すると、「そんなことより、この服を買ったんだけど……」と別の話題に移った。

☐ そうした出来事が2回ほど繰り返され、ケアマネジャーは、「私はJさんに振り回されているだけなのでは」と、次第にネガティブな感情をもつようになった。

☐ ある日、3回目の援助を求める電話があったとき、「次回のモニタリングまでご自宅に行くことができません」と毅然とした態度で応答した。すると、Jさんの声色が一変し、「だったら、もう来なくていい。さようなら」と、電話が切れてしまった。

問題解決に役立つ
アセスメントの視点

躁状態・うつ状態の客観性をもたせる「自己モニタリング」を可能にするツール

双極症は、躁状態とうつ状態を繰り返す疾患です。 ☞**双極症の疾患解説を参照（p.56）**

Jさんの症状をアセスメントすると、悲観的な話をしているかと思いきや、その数日後には大声で笑いながら近況の話をするといった行動が確認できるため、躁とうつの波が現れていることが推測できます。

この気分の波を自覚し、自ら適切な対処を講じられたらよいのですが、実際には難しいです。なぜなら、うつのときには思考抑制が生じ、躁のときには気分爽快感が現れる。つまり、症状として自覚しにくいということです。そこで本人の主観のみに頼るのではなく、客観性をもたせるために可視化していくことが必要になります。

客観視していくツールが、日本うつ病学会のホームページにて紹介されています。これらのツールを用いて自己モニタリングすることにより、本人自身だけではなく周囲も含めて、早期対応の迅速性が増すでしょう。

■ソーシャル・リズム・メトリック

起床や就寝、人との接触や、仕事・学校・家事などの活動内容を記録し、社会的な生活リズムの安定化を図る。時刻と活動の刺激度を記入し、気分（－5点がすごくうつ、0が通常、＋5点がすごく高揚）を評点する。

「人」の書き方
自分一人：0
他の人がただそこにいた：1
他の人が積極的に関わっていた：2
他の人がとても刺激的だった：3
気分
－5 すごく「うつ」　　＋5 すごく高揚

活動	目標時刻	日		月		火		水		木		金		土	
		時刻	人	時刻	人	時刻	人	時刻	人	時刻	人	時刻	人	時刻	人
起床															
人との初めての接触															
仕事・学校・家事などの開始															
夕食															
就寝															
気分 －5～＋5															

■睡眠・覚醒リズム表

睡眠覚醒リズムや日常行動と気分の波が、双方にどのように影響しているのかを知ることができる。

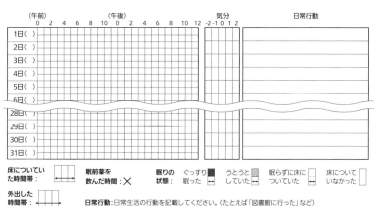

問題解決に役立つ プロの技

□ 訴えの裏にある「希望」を明らかにしたうえで、ケアマネジャーの支援の範囲を伝える
□ 気分の波を可視化する方法（自己モニタリング方法）を取り入れる
□ それでも難しければ、他のサービスにつなげることを検討する

訴えの裏にある 希望を明確化 ▶ 支援の限界と今 やれることを提示 ▶ 自己モニタリング 開始 ▶ 課題の明確化

プロの技① 対話を通じて、訴えの裏にある「希望」を 利用者と一緒に明らかにする

　Jさんの「一人でいることが寂しい。私はこのまま孤独死するんだろうか」という発言から、心細さや将来への不安があり、その感情を解消したいという思いから、電話してきていると推測できます。このような背景を足がかりに、Jさんとの対話を通じ、その訴えの裏に隠れた希望を明らかにしていきましょう。

　ポイントは「一人が耐えられない」というJさんの苦しさから、それが解消された状態を考えることです。

▌訴えの裏に隠れた希望

プロの技② ケアマネジャーが 「できること」「できないこと」を明確に示す

　プロの技① で希望が明らかになったら、その希望に沿ってケアマネジャーが担える支援を明確に示します。ケアマネジャーのように多岐に渡る支援者は、何ができて、何ができないのかが、わかりにくいところがあります。だから「できること」だけではなく、「できないこと」も同時に示しましょう。そうすることにより本人の理解に曖昧さがなくなり、ケアマネジャーが担える支援をとらえやすくなります。

　「できないこと」を伝えることは、厳しい対応だと思われるかもしれません。しかし、その境界を曖昧にしているかぎり、気分の波への対応に右往左往することは続きます。なぜなら、それは本人が支援者に期待しているからです。たとえ気分の波で発した要求だとしても、応えてくれるだろうという思いがあるからこそ助けを求めるのです。だからこそ、「できないこと」も明確に伝えておくのです。そのうえで、今できることを話し合う。それは決して突き放すことではありません。支援を続けたいからこそのメッセージです。

　具体的には次のように伝えるとよいでしょう。「ずっと、そばにいることはできませんが、モニタリング時に話を聞くことはできます」「いつでも電話対応ができるわけではないので、寂しさに対応する方法を一緒に考えることはいかがでしょう」など、本来のケアに立ち戻りながら、「できること」「できないこと」の枠組みを提示していきましょう。

▌ケアマネジャーが「できること」「できないこと」を示す例

常にそばにいることはできませんが、

（↑できないこと）

月1回のモニタリング時にお話を聞くことはできますよ

（↑できること）

　注意! プロの技① で明らかにした希望に沿うことがポイントです。このプロセスを踏まないまま、事例のように「次回のモニタリングまで行きません」と示すだけでは、本人は突き放されたと感じ、受け入れづらくなります。

2

ケース2　双極症の感情の波×支援者の巻き込まれ

✋ プロの技③ 躁とうつの気分の波を本人が 自己モニタリングできるよう支援する

プロの技② で示す「ケアマネジャーができること」としておすすめなのが、本人自身が躁とうつの気分の波をモニタリングできるようにする支援です。

アセスメントの視点 で示したような、ソーシャル・リズム・メトリックや睡眠・覚醒リズム表などのツールを本人と一緒に使っていきます。どのようなとき自分は躁状態なのか、あるいはうつ状態なのか、ということを自己モニタリングしていけるように支援します。

（もちろんその前提として、ケアマネジャー自身がこれらのツールの使い方を知っていることが必要です）

たとえば、睡眠時間が4時間まで減少し、その日、朝の6時に友人に電話をかけ、6時半には活動し始めた。気分が＋2点（−5点がすごくうつ、0が通常、＋5点がすごく高揚）の自己評点であれば、軽い躁状態として共有することができます。その状態に気づくことができれば、早めに受診をしたり、いつもより長く休息を取り入れたりすることができます。

そのような自己モニタリングが億劫という人であれば、起床時間や就寝時間、日中活動を簡単に記述する睡眠覚醒リズムの自己記述だけでもよいでしょう。睡眠覚醒リズムは、躁状態であっても、うつ状態であっても、ほとんどの人に現れますので、それだけでも気分の波は可視化しやすくなるでしょう。

また、気分の波をケアマネジャーも客観的に把握できるので、どのように対応すればよいのか、分析しやすくなります。結果、感情に巻き込まれて対応するということは少なくなるでしょう。

▎**本人の話の意味を探るポイント**

睡眠時間が4時間以下になると、買い物が多くなるみたい……。

こんな感じで気分の波があるのね

本人が気分の波を自己モニタリングできるよう支援する。ケアマネも、それを支援し可視化することで、本人の気分の波から距離がとれ、巻き込まれる可能性が減少する。

✋ プロの技④ ケアマネジャーだけで抱え込まず、ほかのサービスにもつなげる

プロの技 ①〜③ を駆使しても気分の波がとらえきれず、支援に行き詰まりを感じる場合、医学的観点による詳細なモニタリングが必要になってきます。しかし、これ以上、詳細なモニタリングが必要となると、ケアマネジャーだけでは限界ですので、他のサービスにつなげることも考えましょう。

ここで、プロの技② に示したケアマネジャーに「できないこと」という伏線が活きてきます。精神疾患をもつ人は、対人緊張が強く新しいサービスを紹介した際に、そのサービスが必要だと感じたとしても、断る人がいます。ですから、ここではケアマネジャーが「できないこと」を担ってくれるサービスとして、"すでに関係性が築けているケアマネ"から紹介してもらうというところに意味があります。その伏線なしにサービスを紹介したとしても、受け入れられることは少ないでしょう。紹介するサービスとしては、医療の視点が必要ですので、まずは精神科訪問看護が妥当だと考えます。

精神科訪問看護とは？

精神科の主治医から発行される精神科訪問看護指示書および精神科訪問看護計画書に基づき、地方厚生局長等に届け出た訪問看護ステーションの保健師、看護師などが実施できる訪問型の支援。

▌プロの技②で話しておいたこと

これより専門的になると
医療サービスが必要ですが

（↑できないこと：伏線）

睡眠・覚醒リズム表で気分の波を自己モニタリングすることはお手伝いできます

気分の波がとらえきれない……
支援が行き詰まる……

私のご提案した方法では難しそうですが、以前お話しした医療サービスの精神科訪問看護サービスなら、Jさんを手伝ってくれると思います

（↑できることとして伏線を回収）

プロの技を
会話例で理解する

 プロの技① 対話を通じて、訴えの裏にある「希望」を利用者と一緒に明らかにする

 プロの技② ケアマネジャーが「できること」「できないこと」を明確に示す

 プロの技③ 躁とうつの気分の波を本人が自己モニタリングできるよう支援する

 プロの技④ ケアマネジャーだけで抱え込まず、ほかのサービスにもつなげる

改めて「これからの支援の話をさせてほしい」と連絡。後日訪問

 Jさんに気分の波があるとわかっているのですが、私自身、Jさんの感情をうまくとらえるのが難しくなっています。この状態を続けるのはよくないので、今後のことを改めてお話ししたくて、本日お伺いしました。 感情に巻き込まれているという気づきから、仕切り直したいと伝える

 ……。（うなずく）

 Jさんが電話で、「もう一人が耐えられない」という話をされていたと思うんです。そのときの状況をもう少し詳しく教えてもらえませんか。 プロの技① 具体化する

 いつもは大丈夫なんだけど、急に一人が耐えられなくなることがあるの。そういうときに、あなたのような安心できる人と電話すると、すごく気持ちが楽になるのよ。

 私たちと電話すると安心だったんですね。ということは、**そういう感情の波がきたときには、何とか対処したいというJさんの思いがあると感じました。** プロの技① 希望を固定

 そうよ。でも今のところ、あなたに電話する以外どうしていいのかわからない。

 ほかの件で私が対応できない日もあるので、 もしよかったら、**モニタリング時に、感情の波がおそってきたときの対処を増やせるように一緒に考えていきませんか。** プロの技②

そうね。たしかに前、あなたが電話に出られなかったときはすごく苦しかった……。

感情の波への対処法を考える方法として、**睡眠状況や気分の波を見えるかたちにできるシート（睡眠・覚醒リズム表）に記入して、訪問時に見せていただけませんか。** プロの技③ 自己モニタリングの促し

ふんふん。これを書くと、自分の状態を把握しやすくなりそうね。

翌月のモニタリング時

この1か月、あなたに電話することはなかったわね。でも、ヘルパーさんが調理している間ずっと話しかけていたらしく、集中できないって注意されたわ。

（睡眠・覚醒リズム表を確認しながら）ヘルパーが入った日の前後は睡眠時間が短くなっているので、もしかすると気分が高揚していたのかもしれませんね。 プロの技③ 客観的に確認

そうかもしれない。このへんは気分チェック欄の空白も多いわね……ほかのことに夢中でつけ忘れていたのかも。 表では今日も睡眠時間が少なめ。高揚気味かもしれないと推測

もっと詳しく気分の波や生活への影響を把握して、うまく対処できたらいいですね。

そうね、それが一番だけどね……。

※後日Jさんから「一人では自己モニタリングが難しい」と相談があり、精神科訪問看護を導入した。

対応後の変化

- **自己モニタリングを導入できた**
- **ケアマネジャー以外の専門サービスを導入できた**

ケース 3 双極症の軽躁状態

月末の金欠

困難ポイント

躁状態に見えず、精神症状によるものか判断しづらい行動がある。気分の波がとらえきれない。

今月残り1万円・・・

躁状態？
浪費？
介入していいの？

Pさん（67歳・男性）双極症、要介護1

事例の概要

- 一人暮らし。30代の頃うつ病と診断を受ける。半年の抗うつ薬治療の後、職場復帰をしたら、人が変わったようにミスをした部下や同僚を怒鳴った。

- 上司から「本当に精神状態は安定しているのか？」と確認されたところ、「主治医の意見書があったから復帰したんだ。パワハラだ！無能な上司をもっと苦労する！」と周囲を気にせず激しく反発。

- その数日後に退職し会社設立するも、経営計画の不足から1年で倒産。

- 明らかな気分変動がみられ、双極症と診断が変更される。

現在の対応

☐ 65歳の頃、「抑うつ状態になると、食事の準備ができない」と地域包括支援センターに相談し、介護保険を申請。訪問介護を利用中。

☐ 月半ばに、Pさんからケアマネジャーに「外に食べに行き過ぎて、もう今月1万円しか残っていないんだけど、どうしよう……」と連絡があった。

☐ 訪問介護事業所と相談し、節約レシピを考えて支援することになった。

☐ 臨時に、フードバンクなどで支援を受け、何とか月末までを乗り切った。

☐ ケアマネジャーが「来月は、お金を使いすぎないようにしましょうね」と伝えると、Pさんは穏やかに「なるべく節約します」と話した。

①躁状態は医師でさえ見極めが難しい

うつ状態で初めて受診した人の場合、過去の軽躁状態が医師に伝わらず、うつ病と診断されることがめずらしくありません。医師は本人のもともとの言動を知らないため、治療経過を確認しなければ、躁状態に気づけないことが多いのです。

そういう意味では双極症と診断変更があったからといって、「誤診や見落としがあった」というわけではなく、症状の経過から適正な診断に修正されたということです。

②躁状態による行動のサインに気づくために

躁状態のサインを理解するためには、過去にあった躁状態の状況や経過をみることが有用です。

本ケースのPさんの例でみてみましょう。

❶過去

Pさんが双極症と診断された前兆に、「他者のミスに対する攻撃的な言動」がありました。おそらく、周りも「いつもと少し違うな」と感じていたことでしょう。しかし、「もともとの性格がアグレッシブな人だったんだろうな」ととらえ、見過ごしてしまったものと思われます。

・上司が関与しなければ職場の機能が保てない状態

・上司に対する攻撃的な反発

・退職した数日後に会社設立

・経営計画不足で、1年で倒産

その後、躁状態による行動がなくなれば問題はありませんが、Pさんの場合、さらに上のようないくつかの状態がみられました。

こうした経過から、躁状態による行動は時間が経つにつれエスカレートし、抑えがきかなくなったことがわかります。

❷現在

Pさんから生活資金のやりくりや残高についてケアマネジャーに相談がありました。ケアマネジャーは、「いつもと少し違うな」と感じてはいます。

ここで、「少しお金に無頓着な人なのかな」という程度に考えてやり過ごしてしまうと、過去の同僚たちの場合と同じように、早期介入の機会を逃します。そのため、まずは躁状態のサインを明らかにし、「いつもと少し違う」を見える化できるアプローチを行います。

問題解決に役立つ
プロの技

□ **気分の波が影響する行動を可視化し、躁状態の最初のサインを明らか
にする**
□ **身体の変調をとらえ、早めの受診を動機づける**

> 客観的情報を
> もとに対話 ➤ 早期サインを
> 同定 ➤ これまでの対処を
> 明確化 ➤ 本日から実行する
> 行動を共有

プロの技① 躁状態の最初のサインを明らかにする

　躁状態、抑うつ状態といっても、人によって、その程度や内容は異なり
ます。その判断の基準は、「普段のその人と比べてどうか」です。

　たとえば、睡眠・覚醒リズム表を用いて、気分の状態と日常生活の行動
の関連性を確認しながら、**普段は言わない言葉や普段どおりでない行動が
現れるタイミングやその内容を具体的にチェック**していきましょう。する
と、**躁状態になっていくとき最初に現れるサイン**が明らかになります。

▌睡眠・覚醒リズム表で躁状態のサインを見つける

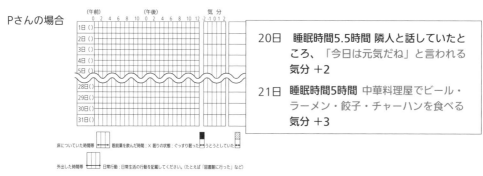

支援者側からは「浪費？」と思える行動が見えてきた。これがPさんの「躁状態に入るサイン」と思われる。

▌躁状態の初期に現れやすいサインの例

- 多弁になる
- 即行動に移る
- 服装が派手になる
- 喧嘩口調になる
- 食欲増進
- 音に敏感になる
- 眠れなくなる
- 楽観的になる
- 涙もろくなる
- 誰かと話したくなる

プロの技② 躁状態のサインが現れたら「相談できる」関係性を築く

　自己モニタリングを続けていくと、支援者側から見て浪費と感じる行動が明らかになることがあります。その際、最初に「それを買うと、月末にまた苦しい状況になるかもしれません」といった説得を行うのは避けましょう。説得から始めると、相手は「自分のお金だから、他人に指図されたくはない」と感じ、結果的に「ケアマネジャーは口うるさいから、買い物については相談しないほうがいい」と思うかもしれません。これでは情報共有が難しくなります。

　まずは、何か購入したいものがある場合には、相談してもらえるように説明しましょう。そして、実際に相談があった際には、「それが本当にほしいんですね」と気持ちを受け止めてください。否定も肯定もしないことがポイントです。そのあと、普段のお金の使い方を想起できるよう対話をもちましょう。

プロの技③ 躁状態が続く場合は早めの受診を動機づける

　躁状態が続く場合は、「次の受診まで待つ」という思いは捨ててください。症状がひどくなると、ほかのことが優先され、定期受診に行かないこともあるからです。だから受診の機会を先送りにしないことが重要です。

　では、具体的にどのように受診の動機づけをしたらよいのでしょうか。「躁状態だから、早めに受診してはどうでしょう」と提案しても、「そんなにひどくないので大丈夫です」と話すこともあります。しかし、躁状態の人は休みなく活動し、夜も眠れないなど、身体的な問題を抱えていることが多いです。そこに焦点を当て、「何日も寝ていないことが心配だから、病院に行こう」と伝えるのが、動機づけされやすい方法ではないかと思います。その際に睡眠・覚醒リズム表を記入していたら、ぜひ活用してください。（※ただし「内科に行きましょう」と伝え、精神科に受診するのは、後々不信感が強くなるので避けましょう）

プロの技を
会話例で理解する

プロの技① 躁状態の最初のサインを明らかにする
プロの技② 躁状態のサインが現れたら「相談できる」関係性を築く
プロの技③ 躁状態が続く場合は早めの受診を動機づける

Pさんに記載してもらった睡眠・覚醒リズム表を見ながら

 睡眠・覚醒リズム表を見ると、気分が絶好調のときは、普段と比べて外食や買い物が増えていますね。Pさんは、どう感じますか？
プロの技① サインを同定する

 そうだね。言われてみれば、増えているね。けど、今も、新しいスマホがほしいんだよね

 スマホがほしいんですね。 プロの技① 否定しない

 うん。そうだね。来月、何とかして買おうかと思っている。

 買うときには、その前に相談してもらうことは可能ですか？
プロの技①

 うん。お金については、相談するようにするよ。

 よろしくお願いします。**睡眠・覚醒リズム表に戻るのですが、睡眠時間が以前より短くなっていますね。Pさんはどう感じますか？**
プロの技②

 本当だね。自分では気づかなかったよ。気分が上がっているのかな。

 寝るのが3時過ぎのときもあるのですが、何かやっているんですか？

 アイデアが湧いてくるんだよね。こうしたら世の中もっとよくなるん

じゃないかとか。起業したときはもっと湧いたんだよね。先生は「それは躁状態」って言うけどね。

そうなんですね。もしかすると、**躁状態の最初のときは「世の中をよくしたい」という思いが強くなり、アイデアが湧くのかも。以前同じようなことはありましたか？** 👆**プロの技① サインを明確化**

言われてみたら、それはあるね。アイデアを考える時間が増えると寝るのも遅くなるしね。

今後、その時間が増えたとき、どうしましょう？

うーん。寝ずに考えたいけど……とりあえず頓服の睡眠薬を飲んで寝るようにするわ。

わかりました。**具体的に何時までに飲む、というのはありますか？**

うーん。そうだね。日付が変わると朝までやっちゃうから、23時半に飲むようにしようかな。

※その後、頓服の服用をしましたが眠れない日が増えた。身体の心配を伝え、予定していた精神科の受診を前倒しした。

2

ケース3 ── 双極症の軽躁状態×月末の金欠

対応後の変化

- **記入された表を見て、躁状態の最初のサインを検討した**
- **次にそのサインが出たときには、あらかじめ連絡してもらう意思確認ができた**
- **軽躁状態を見逃さず、早めの受診につなげることができた**

4 双極症の混合状態 ケース とめどなく表出される不満

困難ポイント

不満を表出されるばかりで、対話の糸口が見出せない。話を聞くだけで終わってしまう。

訪問看護が
話を聞かない

ヘルパーのごはんが
おいしくない

はい…

はい…

Wさん（66歳・男性）双極症（混合状態）、要介護2

事例の概要

- 30代の頃に双極症の診断を受け、現在まで治療を受けている。

- 3か月単位で躁状態の波はあるが、大きくテンションが上がることはない。一方、うつの波が現われると、1か月ほど買い物に行けないことがあった。

- 65歳で介護保険を申請。判定は要介護2。

- 訪問介護を週3回、買い物と調理の支援。

- 自立支援医療を申請。精神科訪問看護を利用中。

- Wさんは他の支援者への不満を長時間にわたって話すことが多い。

現在の対応

☐ 最初はWさんの不満を傾聴していたケアマネジャーだが、ネガティブな感情が深まることを心配し、話をそらした。すると、「今のケアマネジャーは話もろくに聞かずに、手続きのことばかり話をする」とのクレームが事業所に入った。

☐ 事業所と相談し、担当者の交代が決まった。

☐ 担当者の交代後も、1時間以上にわたって以下のようなネガティブな思いを話すことがある。

「この前のヘルパーの料理は本当においしくなかった……けど、自分では準備できないし、落ちぶれたものだという感じがする」「前のケアマネジャーは、手続きだけをしにくるような感じで、まったく話を聞いてくれなかったんだよ」

☐ 現任者は「話を聞いてくれない」と思われないように傾聴を心がけているが、前任者同様、「このまま話を聞き続けてよいものか」という疑念をもっている。

問題解決に役立つ
アセスメントの視点

①混合状態の症状は感情→抑うつ　思考・行動→活発

　双極症の混合状態では、悲嘆や空虚感など感情が抑うつ的であるのに対し、思考や行動は活発である、あるいはその逆の状態像を示します。支援者がみかける特徴的な反応としては、焦りやイライラといった不機嫌な様子や、外部からの刺激によって気分がコロコロと変わったり、また対人関係に敏感に反応したりすることが挙げられます。

　Wさんの場合も、支援者の不満を吐き出しているだけのように見えますが、1時間以上にわたってネガティブな感情を話し続けるという活発さに混合状態の特徴が現われています。

▌Wさんの発言にみる双極症（混合状態）の傾向

この前のヘルパーの料理がおいしくなかった（イライラ）。けれど、自分では準備できないし、落ちぶれたと感じる（落胆）

前のケアマネジャーは、手続きだけをしにくるような感じで、まったく話を聞いてくれなかったんだよ（悲しさ）

訪問看護師は話を聞いてくれるけど、何もしてくれない（イライラ）。俺のことはどうでもいいんだろう（落胆）

②まずは、「聞き方」を順序立てて組み立てる

　「ひたすら不満を聞く」という対応以外のよい手段が思い浮かばず、支援に行き詰まった場合、どう切り抜けていけばよいのでしょうか。

　ポイントは、ただ聞くだけではなく、「どのように聞くのか」を組み立てることです。方法の一つとして、相手の思いを受け止めるときにマズローの欲求階層説の枠組みを使い、満たされていない欲求をアセスメントします。この満たされていない欲求の、より下位に位置するものを優先的に取り扱っていきます。

▌マズローの欲求階層説

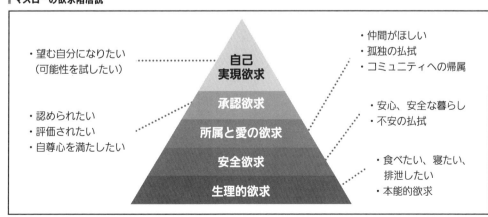

右側マージン縦書き：

2

ケース4 ── 双極症の混合状態×とめどなく表出される不満

問題解決に役立つ プロの技

□ 不満の内容を「事実」「経験」「解釈」に整理する
□ 実際に感じて行動したことと、普段の自分の行動とを比較する
□ 「今だったらどのように対応するか」を一緒に考える

不満の内容を
具体化 ▶ 事実と解釈を
分ける ▶ 実際にどう対応
したのかを共有 ▶ 今だったら、どう対応
するかを検討する

プロの技① まずは「Yes」を引き出す対話から始める

　不満が表出されたときに、支援者としての立ち位置から意見を伝えてしまうことがありますが、それは NG です。自分の気持ちをわかってくれないという思いが強くなり、対話への抵抗感が強くなります。

　まずやるべきことは、本人の思いをしっかりと受け止めることです。具体的には**本人が「Yes」と反応できる話しかけを行います**。

▎「Yes」を引き出す対話

「話を聞いてもらえた」
という実感をもつことができます。

✋プロの技② 不満のなかから「欲求の充足度」に優先順位をつける

　不満について、その**欲求の充足度をアセスメントしましょう**。アセスメントの視点で紹介したマズローの欲求階層を用いて、満たされていない欲求がどれに当たるのかを明らかにします。

▌マズローの欲求階層を用いて整理する

Wさんの発言

「ヘルパーの料理がおいしくなかった。けど<u>自分では準備できない</u>し、<u>落ちぶれたと感じる</u>」

「自分では準備できない」に注目すると、

食事への欲求（生理的欲求）の低下

を疑いたくなる。

しかし、注目すべきなのは「落ちぶれたと感じる」の箇所で、本当は「自分を価値ある人間と思えない」ことを訴えている。そのため、Wさんの欲求は

承認の欲求の低下 が考えられる。

✌プロの技③ 不満の影響を受けた「極端な考えによる行動」と「普段の行動」とを比較する

　不満があるときは、ネガティブな感情が生じやすくなります。また、そのネガティブな感情の影響を受け、極端な考えも浮かびやすくなります。この極端な考えから抜け出すためには、その考えからとった行動と、ふだん本人がとる行動の違いを明らかにしていくことが大切です。二つの行動を利用者自身に比較してもらうことにより、気分の波に左右された思考の偏りが緩和されます。

　思考の偏りが緩和されると、「今だったらどのように対応するのか」といった、不満が生じたときの対応を検討する余地ができます。これを一緒に考えることによって、同じような不満が生じたときに極端な考えに至らず、適切な対応に向かうことができます。

プロの技を 会話例で理解する

☝ プロの技① まずは「Yes」を引き出す対話から始める
☝ プロの技② 不満のなかから「欲求の充足度」に優先順位をつける
✌ プロの技③ 不満の影響を受けた「極端な考えによる行動」と「普段の行動」とを比較する

 先週来た訪問看護師、相槌を打つだけで何もしない。本当にあれで看護師なのかな。

 そうなんですね。具体的に、どんなやりとりだったんですか？

 最近観た映画の話をしたんだけど、興味なさそうに「はい、はい」と言うだけ。普通、「どんなところが面白かったんですか」とか聞くでしょ。「こんな映画で喜んでいるんだ」って見下されたみたいで。

 なるほど。**形式的な返答ばかりで、自分の話を受け取ってもらえていないかもと思ったのですね。** ☝ プロの技 ① 「Yes」と反応できる声かけ

 そうなんだよ。自分の話に看護師さんが興味ないのかもと思うと、**何も話ができなくなっちゃうだろう。**

 そうなんですね。**交流しているように感じられず、訪問看護の意味さえわからなくなってしまうのですね。** ✌ プロの技② マズローの欲求階層説に従い、その思いに理解を示す

 そうなんだよ。

 ちなみに**看護師が自分の話に興味がないのかもと思ったとき、どんな考えが浮かんでいましたか？** ✌ プロの技③ ネガティブな感情のときに思い浮かんだ考えを明確化

 看護師さんは仕事だから、面白くない話だけど仕方なく聞いているん

だろうなって。だから「話を聞かないんだったら、帰れ！」って怒鳴ったら、帰ったんだよね。

 普段のWさんであれば、そこまではしないと思うのですが……。
✌️プロの技③ 普段の状態の本人との違いを振り返ってもらう

 ……そうだね。さすがにやりすぎたって、そのあと落ち込んだよ。

 そうでしたか。ちなみに、今だったらどのように対応すると思いますか？　✌️プロの技③ 同じような不安が生じたときの対応を確認

 うーん……俺が怒鳴ったら、看護師さんは何度も謝ってきた。きっと悪気はなかったんだろうなぁ。今なら「俺の話は興味ないかな？」って、自分の気持ちを伝えると思うよ。

 なるほど。今のような伝え方だと、すごく伝わりますよ。次に訪問看護が来たとき、そうして伝えてみるのはいかがでしょう。

 ……うん、そうだね。そうしてみるよ。

■ 対応後の変化

・本人の発言から、本当は人とのつながりを求めていることを推測できた
・本人と、極端な考えに至ったプロセスを振り返り、「今だったら」という文脈で対応を一緒に考えた

3 うつ病

絶対押さえておくべき症状

抑うつ気分

抑うつ気分とは「気分が重く沈む」「気が晴れない」「憂うつな気分」などを指し、うつ病の場合は、それが2週間以上続く。

興味・関心の低下

以前は楽しめていたことが楽しめなくなり、身近なテレビや読書などにも関心がもてなくなる。

自責感

「自分が怠けている」「みんなに申し訳ない」などの自分を責める思いが強くなる。この自責感が強くなると希死念慮が現れることもある。

 主な症状

抑うつ気分

うつ病のベースにある症状は、気分の障害です。本人は「気が滅入る表れ」「憂うつ」「何もやる気が起こらない」といった表現をします。こうした気分は、誰もが経験するのですが、うつ病をもつ人は、少なくとも2週間以上は続きます。

興味・関心がなくなり、エネルギーが低下

うつ病を発症する前は楽しめていたことが楽しめなくなり、趣味や遊びですらどうでもよくなってきます。また、仕事に集中できずミスが増えたり、能率が上がらず、考えが前に進まなかったりすることもあります。その症状は重度になるに従い、言葉を表出することも困難になり、表情の暗さや姿勢、動きの乏しさが現れます。

早朝覚醒

睡眠リズムの変調として、まだ暗い時刻に目が覚める早朝覚醒が現れることがあります。十分な睡眠のもと、目が覚めるというわけではなく、睡眠が持続しません。何とか眠ろうと布団に入ったままトライしてみるものの、憂うつな考えが堂々巡りとなり、否定的な認知が、より強くなることもあります。

うつ病の主な観察ポイント

□ **精神運動抑制（制止）**：思考が働かず、意思決定ができず動けない状態。言葉数が少なくなったり、動作が緩慢になったりする。

□ **早朝覚醒**：普段よりも2時間以上早く目が覚める。

□ **日内変動**：朝が最も症状が悪く、夜に向けて改善していく。

□ **食欲低下・体重減少**：まったく食事ができなかったり、食べても砂を噛むようであったりすることがあり、体重減少を認めることもある。

□ **自責感**：「自分は怠けている」「みんなに申し訳ない」といった発言がある。

□ **妄想**：自分が重病と思い込む心気妄想や、大きな罪を犯したと信じ込む罪業妄想、借金で破産してしまうなどと思い込む貧困妄想が現れる。

主な治療

薬物療法

　古くからうつ病で治療薬も用いられてきたのは、三環系抗うつ薬と四環系抗うつ薬です。現在は、新しいタイプの SSRI、SNRI、NaSSA が用いられることが多く、古いタイプの抗うつ薬に比べ、副作用が少ないのが特徴です。

代表的な抗うつ薬

一般名（商品名）	主な副作用	特徴・留意点
【三環系】 イミプラミン（イミドール、トフラニール） クロミプラミン（アナフラニール） アモキサピン（アモキサン） 【四環系】 ミアンセリン（テトラミド）	口渇、便秘、排尿困難、かすみ目、複視、過鎮静、体重増加、眠気、めまい、ふらつき、低血圧（立ちくらみ）、頻脈など	主作用の抗うつ効果が発現するまでに、数週間かかる場合があるのだが、副作用は、服薬後、すぐに現れることがあるため、本人にそのことを伝えておく必要がある。
【SSRI】 フルボキサミン（デプロメール、ルボックス） パロキセチン（パキシル） セルトラリン（ジェイゾロフト） エスシタロプラム（レクサプロ）	口渇、便秘、下痢、吐き気、頭痛、眠気、めまい、ふらつきなど	服用し始めにひどい吐き気を生じることがあるのだが、2週間ほどで治まることが多い。その間、制吐薬を用いることで対処するこがある。
【SNRI】 ミルナシプラン（トレドミン） デュロキセチン（サインバルタ）	吐き気、食欲不振、口渇、下痢、便秘、めまい、動悸、振戦、まぶしさ、頭痛、尿閉など	SSRIに比べて、意欲、気力の減退に効果を発揮する。
【NaSSA】 ミルタザピン（レメロン、リフレックス）	便秘、口渇、倦怠感、傾眠など	傾眠の副作用を利用して、うつ病による睡眠障害の改善に用いられることがある。
【S-RIM】 ボルチオキセチン（トリンテリックス）	悪心、下痢、便秘、傾眠、頭痛、不眠など	セロトニンの再取り込みを阻害し、セロトニン受容体の働きを調節することで症状を押さえる。副作用は少ないが飲み始めに悪心が現れることがある。

電撃痙攣療法（electroconvulsive therapy：ECT）

　電撃痙攣療法（以下、ECT）とは、頭部への通電により脳内に発生性放電を発生させる治療法です。近年は全身麻酔下で、筋弛緩薬を投与する、無痙攣性の修正型電撃痙攣療法が主流です。ECT は、薬物療法での改善効果が見られない場合や、自殺の危険性が高い場合などに適応されます。

認知行動療法（Cognititive behavioral therapy：CBT）

　認知行動療法は、認知（ものの見方）や行動に働きかけて、その両方に変化を加えていく治療法です。認知には、何かの出来事があったときに瞬間的に浮かぶ考えやイメージがあり、それを「自動思考」と呼びます。「自動思考」が生まれるとそれによって、気持ちが揺れ動き、行動に影響します。まずは、その「自動思考」に気づき、問題を整理しながら感情や行動にどのような影響があるのかを考えていきます。再発予防や抗うつ薬との併用によって治療効果が高いというデータもあります。

1 老年期うつ病の介護疲れ
激昂する家族

困難ポイント

長男の「現状を打開したい」という気持ちは理解できるが、Aさんの意向に沿わず、ケアマネジャーは板挟み状態にある。

事例の概要

- 長男と二人暮らし。60代の頃に心筋梗塞を発症。

- 心筋梗塞を患ってから、夜1～2時間ごとに長男を起こし、胸の圧迫感を訴えていた。長男がしばらく話を聞いていると、胸の圧迫感は軽減した。

- 循環器科を受診しても、心筋梗塞の影響ではないと説明された。しかし症状は続き、肩や胃の疼痛も現れ、徐々に食事量も減少。

- そのため、精神科を受診したところ、うつ病と診断された。

- 現在、訪問介護による通院介助を受けている。

Aさん（70代・女性）うつ病、要介護2

現在の対応

☐ 長男からケアマネジャーに、「母はずっと家にいるとさらに落ち込みが悪化しそう。デイサービスに通うよう説得してほしい」と要望があった。

☐ 後日、Aさんにデイサービスのサービス内容を説明したところ、「私の病気は何をしても治らない。だから行っても仕方ないでしょ」と話された。

☐ ケアマネジャーは何とか長男の要望を叶えたいという思いがあり、「息子さんもAさん

を心配しています。まずは、週1日からでもどうですか」と説得を試みたが、「最期まで家で過ごさせてちょうだい」と返答があった。

☐ 通所につながらなかったことを長男に連絡したところ、「このままでは、母の落ち込みはますますひどくなる。何のためにお願いしたと思っているんだ！」と強い口調で言われたため、何も言えず萎縮するほかなかった。

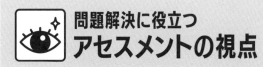

アセスメントの視点

①高齢者うつ病の特徴

　高齢者のうつ病には抑止型［1］、不定愁訴型［2］、焦燥型［3］の三つのタイプがあります。Aさんの場合は、心筋梗塞を発症してから胸の圧迫感があらわれ、夜間に長男へ助けを求める訴えが頻回にありました。その際に、しばらく話をすると落ち着いたことや、1〜2時間ごとに訴えがあることから「焦燥型」に当たると考えます。

　また、Aさんの「何をしても治らない」という発言は、心理的視野狭窄［4］や心気妄想［5］の可能性があり、自殺リスクが高まることがあります。

1 抑止型	誰もがうつ状態だとわかる典型的な型。抑止とは、精神活動が低下し意欲や活動性が低下する症状のことで、たとえば「何も興味がない」「話さない」「食べない」といった状態になる。
2 不定愁訴型	抑うつ症状よりも、頭痛、だるさ、しびれ、熱感など、身体不定愁訴が訴えの前景になる型。抑うつ気分（憂うつ感）が自覚されないので、身体的問題だと思い、内科などを最初に受診することも多い。
3 焦燥型	じっとしていられず、そわそわと落ち着きがなく歩き回ったり、足踏みを続けたりしながら、つらさを頻回に訴える。胸が苦しい、足がしびれる、頭が重苦しいなどの身体的愁訴も多く、強い焦燥感とともに身体的な苦痛がある。
4 心理的視野狭窄	考え方の視野が狭くなり、ある偏った考え方になること。
5 心気妄想	身体的異常がなくても自分は重い病気にかかっていて死んでしまうのではないかと思い込むこと。

②長男が激昂した理由

　長男は日常生活のなかで、以前の母とは違う言動を感じています。それが、うつ病による症状だと頭ではわかっていても、その症状は目に見えるものではないので、長男の不安は高まります。そして、毎日のように「私の病気は何をしても治らない」という母の思いを聞くと、「このままでは母はよくならない。早く何かしてあげなければ」という思いが強くなっていることが考えられます。

　そうすると、通常のケアマネジメントのように「ご本人の意向を第一に汲みながら……」と、正しいことを伝えたとしても、長男の焦りからは納得がいかず「そこをケアマネは、説得すべきだろう！」という思いが強くなったと考えられます。この長男の「何とかしてあげたい」「現状を打開したい」という気持ちが、Aさんの意向に沿う支援へと向いていないところに、本ケースの難しさがあると考えます。

3

ケース1｜老年期うつ病の介護疲れ×激昂する家族

問題解決に役立つ
プロの技

- □ まずは家族の思いを受け止める
- □ ケアマネジャーが代弁するのではなく、家族の思いを本人に届けられる場を設定する
- □ 両者の思いを明らかにし、一致点を見出す。

家族の思いの受け止め ➤ 家族のコンディション ➤ 互いの思いを共有する機会 ➤ 適切な支援につなぐ

プロの技① 家族の思いを言語化し、受け止める

　まずは長男がどのような思いをもちながらAさんとの生活を送っているのかを丁寧に確認し、理解を示しましょう。そうすることで、長男も「思いを受け止めてもらえた」と感じ、関係性が構築されていくことが期待できます。

> **注意!**「お気持ちはわかりますが、ご本人の意向が第一ですので」など、"正論"で対応するのは避けましょう。長男は「自分の思いを理解してくれない」と感じ、ますます激昂してしまいます。

▍長男の言葉の裏にある思いを受け止める

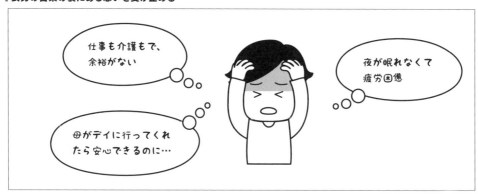

プロの技② 家族のコンディションをアセスメントし、共有する

　長男の健康状態（睡眠状態の量・質）をアセスメントし、共有します。長男が自分自身の状態を言語化（アウトプット）することで、「何となく疲れている」ではなく、「いっぱいいっぱいなんだ」と自覚することがポイントです。

　次に、長男のコンディションが家族機能やケアマネジャーとの関係にどのように影響しているのかをアセスメントします。長男のケースでは、次のような言動も疲労によるものだと考えることができます。

- 毎日のようにある母の訴えに苛立ちを感じる
- 病状が改善しない焦りから、突破口を見出せそうな支援（今回は通所）を無理にでも取り入れようとする
- 母に支援を受け入れるよう説得できなかったケアマネジャーに対して怒りを向ける

　通常であれば気にしないことでも、疲労によってイライラしてしまうことは想定できます。そうすると長男を単なるクレーマーととらえるのではなく、長男の疲労状態が与えている影響をベースに、支援を考えていくことができます。

プロの技③ 両者の希望から隠れた"思い"を明らかにし、合致点を見出す

　長男は、「支援を受け入れるように本人を説得するのは、ケアマネジャーの役割だ」ととらえていることがうかがえますが、あくまでも家族の思いを代弁するというのがケアマネジャーにできる限界です。そのため、長男の思いを直接Ａさんに伝えられる場を設定し、長男とＡさんの思いをすり合わせる必要があります。話し合いの前に、Ａさんへの侵襲性が少ないことを共有しておきましょう。話が予測外の方向へ展開したり、感情がヒートアップするのを防止できます。話し合いでは、両者の希望がどのような"思い"から表れているのかを整理します。そして、どこにお互いの折り合いポイントがあるのかをみつけていきます。

プロの技を
会話例で理解する

 プロの技① 家族の思いを言語化し、受け止める

 プロの技② 家族のコンディションをアセスメントし、共有する

 プロの技③ 両者の希望から隠れた"思い"を明らかにし、合致点を見出す

 長男が激昂したことを受けて　もう少しお気持ちを聞かせていただけますか。プロの技①　まず家族の気持ちを受け止める

 このままでは、母が母でなくなっていくような気がして、怖いです。私が仕事に行っている間に自殺してしまったら……と考えて、仕事も手につかないことがあるんですよ。

 そのような状態が続いているのですね。Aさんは夜訴えがあるとおっしゃっていましたが、長男様自身は休めているのでしょうか？プロの技②

 母が精神科を受診してから少しずつ訴えは減りましたが、今は私の方が十分な睡眠時間を確保できないまま仕事に行くことも多くて。長男にも健康問題が現れ疲弊していることがわかった

 Aさんのことが心配なのですね。そのような思いを、Aさんに直接伝えてみませんか。プロの技③　私の役割は、Aさんを説得することではなく、お二人が思いを言葉で共有しながら折り合えるポイントを見つけることなのです。

 自分の思いを伝える？　そんなことをしたら母の負担になって、うつ病が悪化しませんか？

 そのお気持ちは、Aさんを思ってのことでしょう。安全策として、事前にAさんの負担にならない言葉を一緒に考えてみませんか？

話し合い当日

 僕は、母さんの身体と心が衰弱していくようで、心配なんだ。母さんが家で過ごしたいのは分かるけど、通所に行ってくれたら安心して仕事に行けるんだよ。

 私の病気は治らないと思う。家で過ごしていたいのよ。

 長男様は「仕事中もAさんの心身が衰弱していくことが心配。だから、通所に行ってほしい」とお思いなのですね。Aさんは「自分の病気は治らない。だから、せめて家で過ごしたい」とお思いなのですね。

✌プロの技③ 長男と本人の思いを明確化

 そうです。僕は、このままでは母の病状が悪化しないかが一番心配なんです。

 私も、自分の病状は気になるけど、でもどうしようもないしねえ……この子が心配してくれる気持ちはありがたいけれど。

 なるほど。お二人とも「病状がよくならない」ことには不安を感じていらっしゃるのですね。精神科の訪問看護というサービスなら、自宅で支援が受けられますよ。 適切なサービスにつなぐ

 そういう専門的な支援があるなら、母も家で過ごせるし、僕も安心できますね。

 そうねえ。家で過ごせるし、息子が安心するというんなら、受けてみるわ。 精神科訪問看護の導入が受けれられた

対応後の変化

- **長男の現在のコンディションが把握でき、直接話し合いができる場を設定することができた**
- **話し合いにより、お互いの思いが確認でき、共通する思いを叶える支援を設定できた**

2 <ruby>ケース<rt></rt></ruby> 高齢者のうつ病の生活力・社会力の低下　希死念慮

困難ポイント

どれだけ説明しても、本人は、自分の存在が「役に立たない」と思ってしまう罪悪感が持続している。

Gさん（79歳・女性）うつ病、要介護1

事例の概要

- 夫と二人暮らし。近所に娘夫婦と孫が暮らしている。

- 娘は、Gさん夫婦の様子を確認するために、定期的に自宅を訪れている。

- Gさんは数か月前に自宅内で転倒し、大腿骨頸部を骨折した。

- 入院して手術を行い、回復したものの、長時間の立位は難しく、以前に比べると家事全般ができなくなった。

- 娘夫婦の介入も限界があったため、地域包括支援センターに相談し、要介護認定を申請した。

現在の対応

- ☐「家事が十分にできないから、家族に迷惑がかかる」「近所の人たちも、私のことをよく思っていない」と話すことが多くなり、「これ以上、迷惑をかけるのは申し訳ない」と思い詰めるようになっていた。

- ☐ 徐々に表情から覇気がなくなり、口数も減った。食事量も少なくなり、一日中自宅で過ごすようになった。

- ☐ さらに、家族が「迷惑なんてかかっていない」と何度伝えても、「私が家にいるだけで、家族に迷惑がかかっている。いっそのこと、家族の前からいなくなったほうがいいのではないかと思う」と自責の念が強くなった。

- ☐ 心配した家族からの相談を受け、ケアマネジャーが精神科の受診を提案。受診の結果、うつ病と診断された。

問題解決に役立つ
アセスメントの視点

①高齢者のうつ病は喪失体験からの影響が大きい

　老年期うつは、働き盛りの年齢に発症するうつ病とは違い、発症時期がライフサイクルの最終ステージにあります。そのため、外見の変化により、今までの自分自身ではなくなったような喪失感を感じることがあります。また、運動機能の低下により、「前は、もっと、家事をこなすことができたのに」「こんなこともできなくなるなんて、情けない……」といった失望を抱くこともあります。

　こうした喪失感・失望感などは、抑うつ症状をいっそう強め、「自分が生きていることで、家族に迷惑をかける」といった思いから、**希死念慮**を誘発させることもあります。

　　　　　**希死念慮**

実際に計画や行動には移してはいないものの、「死んでしまいたい」という願望をもっている状態。同義語に、「死んでしまいたい」という願望をもち、自殺するための計画や行動に移している状態をさす、「自殺念慮」がある。しかし、この二つの明確な区別は難しいとされる。

②自殺の対人関係理論

　「所属感の減弱」と「負担感の知覚」が重なると、自殺願望が生じるといわれています。「所属感の減弱」は、現実的に人とのつながりがなく、孤立している状況はもちろん、実際に家族と暮らしていたとしても「自分の居場所がない」「誰も自分のことを必要としていない」などの思いが強くなり、この世における自分の居場所を喪失する体験によって起こるとされています。また、「負担感の知覚」とは、「自分が生きていることが周囲の迷惑になっている」「自分がいないほうが周囲は幸せになれる」という認識があり、自分の存在に罪悪感を生じさせます。

　自殺願望を行動に移すには、自殺に対する心理的なハードルが下がるプロセスが必要といわれています。死に対する恐怖感や、自傷行為などによって身体を傷つけることに対して慣れるといった、いわば準備状態のプロセスです。こうしたことを備える力は、「獲得された自殺潜在能力」として定義づけられています。自殺願望に自殺潜在能力が加わったとき、自殺行動が誘発されるといわれています。

3

ケース2──高齢者のうつ病の生活力・社会力の低下×希死念慮

問題解決に役立つ プロの技

□ **高齢者のうつ病で語られにくい自分の気持ちを語りやすくなる環境を
提供する**
□ **表出された本人自身の思いから、自殺リスクのアセスメントをする**

役割喪失の
有無 ▷ 自殺リスクの
アセスメント ▷ 防御因子を
共有 ▷ 適応思考

プロの技① 語りにくい感情を語れる環境を提供する

　希死念慮のある人の自殺リスクをアセスメントするには、本人が語りに
くい感情を理解する必要があります。

　とはいえ、本人が自分の感情を語るか語らないかは、あくまで対話の結
果であり、コントロールすることはできません。

　とはいえ、本人が進んで話そうとするまで、私たちは何もできないわけ
ではありません。一つは、**同じような経験をもつ人の、一般的な症状や体
験を知らせる**ことです。

　たとえば、「女性のうつ病の方は、自分の役割をまっとうしようとする
真面目な方が多く、病気や社会問題が原因で家事をこなせない場合でも、
『自分の主婦としての能力が低くなった（低い）』と思い詰め、悩む方もい
るのです。あなたの場合はいかがですか？」といった質問です。

　このプロセスを丁寧に行うことで、本人は **「自分だけではないかも」** と
いう思いをもち、それまで語りづらかった自分の感情を語りやすくなりま
す。

▌語れる環境を作るプロセス

語りにくい
感情 同じような経験
をもつ人がいる 感情が
語りやすくなる

プロの技② 自殺の対人関係理論から、自殺リスクをアセスメントする

　自殺の対人関係理論から、自殺行動を起こすリスクをアセスメントします。　☞**アセスメントの視点を参照**

　Ｇさんの場合、「家事ができない」と話していることから、主婦としての役割がなくなり、家族内での所属感が減弱していることが考えられます。もちろん家族が「助かっている」という言葉かけをしていたとしても、本人はそうは思えません。また、「私が家にいるだけで、家族に迷惑がかかっている」と語っていることから、負担感の知覚もあることがわかります。このとき本人は「自分が消えてしまったほうが、家族は幸せになれるのではないか」という思いになり、非常につらさが増します。

　現時点では自傷や自殺行動による自殺潜在能力に関する情報はありませんが、所属感の減弱、負担感の知覚が揃っていることから、自殺願望が生じている可能性を考えなければいけません。

　そこで自殺の切迫性を判断するための質問を重ねる必要があります。

　プロの技① を使いながら、たとえば、「生きていても仕方ないと感じることはありますか？」「もしかして、人生を終わらせる方法を具体的に考えていたりはしますか？」などの質問を投げかけてみましょう。

　もし「いつ頃」「どのような方法で実行するか」など、具体的かつ計画的に考えていたら、かなり切迫性は高いと考えてください。

▎**自殺行動を起こすリスクのアセスメント**

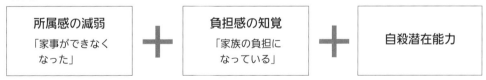

所属感の減弱 「家事ができなくなった」	＋	負担感の知覚 「家族の負担になっている」	＋	自殺潜在能力

＝　自殺のリスクが高い状態

自殺の切迫性を判断する質問例

「生きていても仕方ないと感じることはありますか？」
「人生を終わらせる方法を具体的に考えることはありますか？」

✌ プロの技③ 自殺念慮の告白があった場合は、「TALKの原則」を活用する

プロの技①・② を使って、もし本人から具体的な「死にたい」といった希死念慮と判断できる告白があった場合は、以下のTALKの原則で対応しましょう。TALKの原則とは、誠実な態度で話しかける（Tell）、自殺についてはっきりと尋ねる（Ask）、相手の訴えに傾聴する（Listen）、安全を確保する（Keep safe）、の四つの枠組みがあります。この四つのそれぞれの頭文字をとって「TALKの原則」といいます。

自殺についての話は刺激を与えないために避けたほうがよいと思われがちですが、そうではありません。なぜなら自殺をしたいという思いは誰にでも語れるものではなく、その思いを扱うことが自殺予防になり得るからです。

TALKの原則：自殺念慮の告白への適切な対応

- **Tell：誠実な態度で話しかけ、心配を言葉で伝える。**
  例 「話しにくい思いを正直に告白してくださったのは、よかったです」

- **Ask：「死にたい」気持ちについてはっきりと尋ねる。**
  例 「生きていても仕方ないと感じているのですか」

- **Listen：批判や否定、支援者の思いを伝えるのでなく、死にたいほどつらい相手の気持ちを傾聴する。**
  例 「そうやってつらい毎日を生き延びてきたんですね。本当に大変でしたね」

- **Keep safe：本人を一人にせず、周囲の協力を得ながら、適切な場所や機関につなぐなど、安全を確保する。**
  例 精神科への受診、家族と一緒にいられる場所の確保

注意! 以下のような対応は避けましょう。
- 自殺について触れない＝**スルーする**
- 「大丈夫ですよ、がんばりましょう」などの**表面的な激励**
- 「命を大事にしましょう」「生きられない人もいるんですよ」などの**社会的価値観の押しつけ**

プロの技④ 本人が第三者の視点に立てるように聞く

　通常は自分が置かれている状況を絶えず主観的に判断し、適応的に行動するのですが、うつ状態に陥っているときは、その非機能的認知が生じてきます。

　非機能的認知とは、別の視点から物事を考えることが難しくなり、非合理的な思考パターンが現れることです。必ずしも現実で起こっていることではなく、その非機能的認知にとらわれることにより、感情の揺れに大きく影響し、問題解決の妨げになります。

　この非機能的認知にはいくつかのパターンがあります。代表的なのは「すべき思考」や「白黒思考」です。「すべき思考」とは何かをやろうとするときに「〜すべき」「〜すべきでない」という極端な基準に合わせて物事をとらえてしまうことです。「白黒思考」は、物事を見るときに「白か黒か」の両極端の見方をしてしまうことです。Gさんの非機能的認知は白黒思考の傾向が現れていると考えます。

　このような思考を切り替える方法はいくつかあるのですが、その一つとして第三者の視点に立てるよう問いかける方法があります。具体的には「もし、親しい人（家族や友人）が同じようなことで悩んでいたら、どうアドバイスしますか？」「主治医だったら、どのようにアドバイスすると思いますか？」などです。第三者の視点に立つことにより、認知の歪みによって凝り固まった考え方とは、別の視点を取り入れることが可能になります。

▌認知のクセを第三者の視点から見る

Gさんの認知のクセ

白黒思考

曖昧な状況は考えず、ものごとをすべて二つの極端な考え方で割り切ろうとする。

例 完璧な主婦でないと、家族の役に立たず、主婦として完全に失格だ。

第三者の視点から見てもらう

まだったら…
友人だったら…
主治医だったら…
ケアマネさんだったら…

白と黒以外の評価もあることに気づく

〈引用・参考文献〉
大野裕、田中克俊『保健、医療、福祉、教育にいかす　簡易型認知行動療法実践マニュアル』きずな出版、2017年

プロの技を
会話例で理解する

Gさんと同年代のうつ病の方が、家事をこなせない自分は妻として失格だと思い悩んでいたのですが、Gさんはいかがですか？
☞プロの技① 同じ経験をもつ人の体験を伝え、語りやすい環境を作る

その気持ち、わかるわ。私もそう。これまで家事は全部できていたのに、今はヘルパーさんを頼らないといけない状態になったでしょ。家族にとって、私はお荷物ではないかと感じているわ。

そうなんですね。実際にご家族はどのようにおっしゃっているんですか？

家族は「迷惑じゃない」って言うんだけど、気を使って本音を言えないんだと思うの。私は、妻としても母としても、ダメ人間だと思うわ。

そのように思いながら過ごしていらっしゃったんですね。**もしかして、ご家族のお荷物になっているという思いから、生きていても仕方ないと思うこともありますか？** ☞プロの技② 希死念慮をアセスメント

そういうことを考えることもあるわね……。

たとえば、人生を終わらせる計画を具体的に考えていたりとか……。
☞プロの技② 自殺の切迫性をアセスメント

そこまで考えてはいないけどね。だって、もしそれをしたらよけい家族に迷惑かけちゃうでしょ。 家族との関係性が防御因子（自殺行動を防ぐ因子）になっていることが明らかになった

たしかに。その思いはとても大切ですね。それが自殺を防いでいるのかもしれませんからね。

 そうね。それはあるとは思うわ。

 家事はすべてヘルパーさんやご家族に任せているんですか？

 それだと落ち着かないから洗濯物と食器洗いはやっていて、ほかはお願いしているの。

 今でも家事の一部はされているんですね。けれどGさんとしては、**以前のように家事をすべてこなしていないので妻としてダメ人間、という思いがあるんでしょうか。** ✋プロの技④「白黒思考」の有無、程度をアセスメント

 そうよ。本音は言わないけど、夫や娘もそう思っているわよ……。

 そうですか……。**もし、旦那さんがGさんと同じように、「夫として、ダメ人間だと思う」と落ち込んでいたら、Gさんはどのように言ってあげますか？** ✋プロの技④ 第三者の視点に立てるように

 夫ができなくなったら……？ 「自分のできる範囲でやっていると思うわよ」と言うわね。うつ病になっても、夫は夫だもの。

 （うなずく）今、旦那さんの視点から一緒に考えて、新たな考え方が見つかったように思います。

 そうね。今、話をしていて、夫に「できるかぎり家事をやってくれて、助かっているよ」と言われたことを思い出したわ。夫も私のことを、これまでの妻として認めてくれているのかもしれないわよね……。

対応後の変化

- 同じ経験をもつ人の体験を伝え、自分の感情を表出できた
- 第三者の視点に立つ質問により、別の視点を取り入れることができた

3

ケース2 | 高齢者のうつ病の生活力・社会力の低下×希死念慮

3 高齢者のうつ病の精神運動抑制・思考抑制　モニタリング困難

困難ポイント

本人と対話ができず、布団からも出てこられない状態が続き、本人のニーズが見えない。

Mさん（70歳・女性）うつ病、要介護1

事例の概要

- 若い頃から不眠症があり、他者のささいな言動が気になることがあった。
- 娘家族と同居し、家事を手伝っていた。
- 65歳のときに転倒し大腿骨頸部の骨折をした。その後家事ができなくなり、介護保険を申請した。
- ケアマネジャーが介入したときには、「私は何ひとつ家族の役に立っていない」と話され、一日1食しか摂取しない状況であった。

現在の対応

- ☐ 栄養不良による体重減少が著しかったため、家族が心配をして、娘の付き添いのもと受診したところ、「低栄養状態」と診断され、即日入院となった。

- ☐ 状態は徐々に改善したが、入院中にも、「私は家族の役に立っていないばかりか、入院までして迷惑をかけている。家族も私のことを迷惑だと感じていると思う」と話すようになり、塞ぎ込む様子が見られた。

- ☐ 退院時に精神科の紹介を受け、しぶしぶ受診。うつ病と診断され、抗うつ薬のデュロキセチン（サインバルタ®）の服薬が開始された。

- ☐ モニタリング時にケアマネジャーが体調面、生活面を確認しようとするが、「話すことがしんどい。全部、家族に聞いて……」と布団から出てこられない状態が続いている。

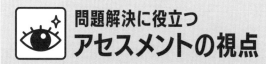

問題解決に役立つ アセスメントの視点

①コミュニケーションと情報収集の工夫を考える

　うつ病をもつ人と対話するとき、他者とのコミュニケーションに対して、本人が億劫さを前面に示すことがあります。その億劫さを目の当たりにすると、本人の負担を考えて「このまま対話を続けてもよいものか」と、支援者は迷うところがあります。

　しかし、本音としては、ケアプランの見直しや、適切なケアに向けて最低限の情報収集はしたい。だから何とか情報をキャッチできないだろうか。そのような思いがあると考えています。

　同居の方であれば家族に確認するという方法もあります。しかし、家族は専門職ではありません。だから、どのような情報が必要かもわかりません。漠然とした情報はもっていたとしても、具体的内容となると不確かなこともあります。

　これらのことから、二つの工夫が必要になります。それは、本人とのコミュニケーションの工夫と、家族から情報収集するための工夫です。具体的な方法については、後述する **プロの技** で解説します。

②布団から出てこないのではなく、出るエネルギーさえもない

　ここで、まずMさんに現れている症状は何かを考えてみましょう。

　Mさんが、布団から出てこない状態とは、「布団から出たいけれども、出ることができない」という精神運動抑制が現れていると考えられます。そのため、「少し布団から出ると気持ちが変わるかもしれませんよ」「座ってお話をしませんか」など、無理な行動を促すアプローチは逆効果です。

　本人との対話は焦らず、本人のタイミングで対話できる機会を提供しましょう。

　また、このような症状に対して、p.85「主な治療」で解説した抗うつ薬が処方されるのですが、効果が現れるまでに2週間ほど要します。

（参考文献）白石弘巳・田上美千佳 編著『シリーズ・ともに歩むケア3 　事例にみるうつ病の理解とケア』精神看護出版、2006年

3

問題解決に役立つ
プロの技

□ **本人のタイミングで対話できる機会を作る**
□ **負担を最小限に減らした自己モニタリングを支援する**
□ **期間や行動を限定したオープン・クエスチョンを用いる**

自分のタイミングで対話 ▷ 負担の少ない ▷ 限定したオープン・
に加われるよう構造化　　 モニタリングを開始　　 クエスチョン

プロの技① 本人のタイミングで 対話できる機会を提供する

　うつ症状が生活に影響すると気持ちや身体がつらく、対話するのも億劫に感じます。だからといって、「本人は布団で横になっておいてもらって、家族とのみ対話するということでよいのだろうか」と支援者は悩むのではないでしょうか。声をかけるにしても、「その声かけ自体が負担になってしまわないだろうか」という心配もあるかと思います。そんなときは決して焦らず、本人のタイミングで対話に入れる機会を提供しましょう。

　具体的には、事前に「対話に入りたいタイミングで、いつでも入ってきてもらっていいですよ」と伝えておきます。そのうえで、家族との対話を本人にも聞こえる場所で行います。対話中、本人の反応が少しでもあれば、「何か気になることがありましたか？」「もし伝えたいことがありましたら、おっしゃってくださいね」など、話せるきっかけを作りましょう。

✋ プロの技② 負担の少ないモニタリングを一緒に考える

本人あるいは家族が日々の生活をチェックできるよう、モニタリング表を一緒に作るのも一案です。

このときに注意したいのは、**負担の少ないモニタリング方法を一緒に考える**ことです。

利用者・家族に負担の少ないモニタリングの依頼法（例）

❶情報収集の項目を3点に絞る

❷本人・家族が回答しやすいように、「このような内容を次回確認させてください」と①の3点を事前に伝えておく。

❸記入する人が書きやすい方法で、フォーマットを一緒に考える。手近なメモに書いてもらっても構わない。

✌ プロの技③ 何を問われているのかが明確にわかるように質問する

うつ症状の一つである思考抑制が現れていると、何を問われているのか理解しづらくなり、利用者にとって大きな負担になってしまいます。

とはいえ、「はい」「いいえ」で答えられるクローズド・クエスチョンだけでは、必要な情報収集ができません。

そこで、**期間や行動などを限定した、「オープン・クエスチョン」**を用いて質問しましょう。期間や具体的な行動が絞られることで、何を答えればよいのかが明確になり、回答する負担が減少するでしょう。

▍「答えやすいオープン・クエスチョン」の作り方例

答えにくい オープン・クエスチョン	答えやすい（限定された） オープン・クエスチョン
調子はいかがですか？	この一週間の気分の波はいかがでしょうか？
眠れていますか？	前回、お伺いしたときから朝起きる時間と 夜寝る時間に変化はありましたか？

プロの技を
会話例で理解する

プロの技① **本人のタイミングで対話できる機会を提供する**
プロの技② **負担の少ないモニタリングを一緒に考える**
プロの技③ **何を問われているのかが明確にわかるように質問する**

モニタリング訪問をしたが、M さんは布団から出ることが難しい状態

今日も話すのが億劫で……しんどいの。家族に話を聞いてもらえるかしら……。

わかりました。**M さんにも対話の内容が聞こえるように、こちらで話をさせていただきたいのですがよろしいでしょうか。** プロの技① M さんが寝ているすぐ近くの場所を示す

うん……いいわ。

ありがとうございます。**もし、M さんも対話に入ってきたいときは、遠慮せずに入ってきてくださいね。** プロの技① 本人のタイミングで対話できる機会を提供

えぇ……。 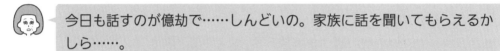 その後、M さんとふすま越しに近い位置で家族と対話を実施

前回の訪問日から今日までの、M さんの生活の変化や体調面など聞かせていただけますか。

あまり食事を食べていないようで、心配です。よく母は、「家族に迷惑をかけているから食べる資格がない」って言うんです。「迷惑なんてかかっていないよ」と伝えてはいるのですが……。

具体的にどの程度そうした発言がありますか?

どの程度だろ……きちんとは把握してないですね……。

わかりました。そうした発言があったときの睡眠や活動状況はいかがですか？

ずっと横になっていることが多いかしら。

横になっていることが多いんですね。もし、よろしければご家族の負担がない範囲で、ここに書いた生活のことを、メモ程度で書いていただけると助かります。生活面の変化がよりわかるので、主治医も状況が把握しやすくなると思いますがいかがでしょう。

🤟**プロの技②　右のメモを渡す。負担の少ないモニタリングを提案**

- 食事量（主菜・副菜の摂取量をそれぞれ10段階で）
- 起床時間と就寝時間
- 起きているときの活動内容

そうですね。この程度のメモなら書けると思います。

ありがとうございます。わかる範囲で結構ですので、よろしくお願いします。

1か月後のモニタリング時、娘より生活について記載されたメモをもらう

今日は布団から出られそう。リビングで話しましょう。

はい。お願いします。娘さんからいただいたメモに、食事量が増えてきたと記載されていたので安心しました。この1週間ほどは、どのように過ごしていましたか。🤟**プロの技③　時期を限定したオープン・クエスチョン**

布団から出られる時間が少し増えて、入浴もしたわ。今日も人に会うから少しお化粧したの。

※このあとも対話を続けることができた。

▌**対応後の変化**

- 本人のタイミングで対話できる環境を作った
- 最小限に絞ったモニタリング項目から情報収集を行い、対話の糸口をつかんだ

ケース 4 老年期うつ病の病的な不安 頻繁な電話

困難ポイント

解決策が見当たらないまま、支援者が頻回な電話の対応に追われ続けている。

Eさん（74歳・女性）うつ病、要支援1

事例の概要

- 夫・二人の子どもと暮らしていたが、子どもたちは独り立ちし、夫は3年前に他界。現在は一人暮らし。

- 夫の死後、一人で過ごすことへの不安が強くなり、精神科クリニックを受診。不安障害の診断を受け、通院している。

- クリニックへ一日に何度も電話するようになったため、主治医から地域包括支援センターに連絡があり、介護認定をすすめられた。

- 要支援1と認定され、訪問介護が導入される。

現在の対応

☐ 要介護認定後は、クリニックへの電話は減少したが、地域包括支援センターへの電話が頻繁になった。

☐ ほぼ毎日、多いときで一日に5〜10回ほど電話がある。ケアマネジャーを含む職員が毎回30分以上かけて話を聞き、時にはアドバイスをしている。

☐ 電話のほとんどは切迫性がなく、次のような内容が多い（次頁の「Eさんからの電話内容の例」を参照）。

☐ 支援者は、「毎日電話してまで話すような内容ではない」と感じながらも、「そのような簡単な相談では、電話しないでください」と言うこともできず、仕方なく対応している。

☐ 電話の頻度はまったく減らず、職員は対応にかなりの時間を要している。

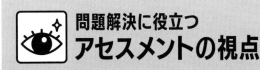

問題解決に役立つ アセスメントの視点

①「不安」の性質と、確認できる反応を知る

　不安は、「正常な不安」と「病的な不安」*¹ に分けることができます。

　「正常な不安」は、理由や対象があることが多いので、本人も表現しやすく、周囲にもわかってもらいやすいのが特徴です。また、そうした不安はいったん去れば気にならず、それほど長くは続きません。

　一方で、「病的な不安」とされているものは、理由がないことが多く、表現しにくいため、周囲も理解しづらいという特徴があります。本人も不安に耐えることへの苦痛が生じ、長期にわたり持続します。

　こうした不安は、❶生理的反応、❷行動的反応、❸精神機能的反応から確認できます。

不安を確認できる反応

❶ 生理的反応	心拍数の増加、動悸、口渇、めまい、ふらつき、頭痛、肩こり、呼吸困難、手足の震え、尿意の急迫など
❷ 行動的反応	不定愁訴の繰り返し、不安の克服のための学習や技能習得、問題解決など
❸ 精神機能的反応	落ち着きのなさ、苛立ち、焦燥感、抑うつ、自信の低下、感情の不安定化など

【出典】武藤教志編著『他科に誇れる精神科看護の専門技術 メンタルステータスイグザミネーション Vol.1』精神看護出版、2017年

②頻繁な電話の「背景」を考える

　Eさんからの電話内容は、近所付き合いから、日常生活のこと、身体や精神に関する苦しみまで、多岐にわたります。

　ここで、Eさんが電話をかけてくる「訴えの背景」を考えてみましょう。ほんの何年か前までは、Eさんは家族4人で暮らしていました。しかし、子どもたちが次々に独り立ちし、夫が亡くなりました。急に一人になったことで孤独感が強くなり、将来のことや近所付き合いのこと、自分の身体のことなどが、不安として現れてきたのではないでしょうか。

　不安が大きくなると、具体的な心の拠り所を求める行動が強化されます。それがEさんの場合は電話回数の増加ではないかと考えられます。

Eさんからの電話内容の例

- 「私は近所で噂されていて、いい笑い者になっている」
- 「今度は、いつ来てくれるのかしら（事前に伝えているが、電話で再確認する）」
- 「庭に野菜の苗を植えたんだけど、手が痛くなって。どうしたらいいの」
- 「心が苦しくて、あちこち体の痛みもあるの。どうにかしてほしい」　など

*1　川野雅資 編著『精神症状のアセスメントとケアプラン　32の症状とエビデンス集』メヂカルフレンド社、2012年

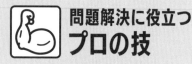

問題解決に役立つ プロの技

□ **自分でできることや知っていることを活用できるよう、本人の主体性に目を向けて対応する**
□ **本人が対処してきた経験を語れるように対話する**

本人自ら確認する機会の確保 ▷ かつての経験の言語化 ▷ 行動への移しやすさ

プロの技① 本人が把握していることは、本人自身に確認してもらう

聞かれたことに対して、支援者がすぐに答えるのではなく、自分で把握しているであろうことは自分で確認してもらうように電話口でサポートします。

たとえば、「今後は、いつ来てくれるの？」という次の訪問予定の確認に対して、こちらが条件反射的に次の予定を伝えることは、本人が自ら確認し、不安とつき合うという機会を失うことになります。すると、訪問時にいくら本人と次の訪問予定を確認していたとしても、電話する行動は減少しません。

そのような電話があった場合は、「次の訪問予定は、Eさんのカレンダーに記載して共有していますが、そちらは確認していただけましたか」などと、本人が自ら確認できるような対話にしましょう。

▎本人にできることは本人にしてもらう

🖐 プロの技② これまでの経験を活用する

　たとえば、「病院に行きたいけど、どうしたらいいの」「あちこち痛いけど、どうしよう」といった、緊急度は高くないものの、次の訪問まで待てないと相談があった場合、どうすればよいのでしょうか。

　支援者から「こうしたらどうですか」とアドバイスするのも悪くないのですが、その助言を求めてさらに電話が増える可能性があります。あるいは「そんなのできない」と拒むことも考えられます。

　それに変わる対応として、「これまでは、どのようにされていたんですか？」と、本人が対処してきた経験を語れるように対話をもちます。この内容は、かつて乗り越えた経験を言語化する問いになっているので、行動に移しやすく、かつ効果が見込めるということです。

　ここで支援者の一つの懸念として、それは「表向きには困りごとの相談であったとしても、実は不安の強さから電話をかけてきた場合、うまくいかないのでは」という思いです。そのときには、支援者の懸念どおり、本人からの電話はやみません。そのときに考えることは、「居ても立っても居られない不安が存在する。それが明らかになった」という本人の状態です。そのような不安は電話だけではどうにもなりません。支援方策を変える必要があります。それについては、別のケースで紹介した内容と重複するので、参照のみを示します。

▎ケアマネジャーと他サービスのできる範囲を明確にする

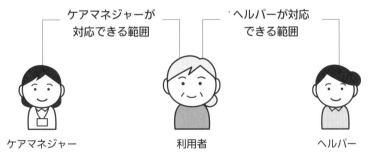

支援方策を変えたときに参照
● p.59
ケース１：双極症の軽躁状態×一日数十回の電話
アセスメントの視点「電話だけで何とかしようと思わず仕切り直しの訪問を視野に入れる」
● p.67
ケース２：双極症の感情の波×支援者の巻き込まれ
プロの技②「ケアマネジャーが「できること」「できないこと」を明確に示す」

プロの技を 会話例で理解する

プロの技① 本人が把握していることは、本人自身に確認してもらう
プロの技② これまでの経験を活用する

①電話にて　内容：訪問介護・ケアマネの次回訪問日

 次は、いつ訪問に来てくれるの？

 次の訪問日をお伝えしたとき、ご自身でカレンダーに書かれていたのを覚えていらっしゃいますか？

 書いていたかな？

 はい。書いていらっしゃったので、一度、カレンダーに記載があるかを確認していただいてもよろしいですか？

 わかりました。確認してみます。

（確認後）

 書いていましたわ。ありがとうございます。**プロの技①　本人が次の予定を確認できるように対応し確認する行為を定着させることで、電話の頻度の減少を図る**

②電話にて　内容：近所の人たちに関する相談

 近所の噂で、私はいい笑い話になっている。

 Eさんがそう感じるようなことがあったんですね。それは気持ちのいいことではないですね。

 そうなのよ。

 すごく重要なことだと思うので、直接お会いしたときに詳しく聞かせてもらいたいのですが、いかがでしょう？　電話口で詳細は聞かず、訪問

で相談時間を確保することを約束する

③電話にて　上記②で訪問の了承が得られない

 そんなこと言っても、あなたは月に1回ほどしか来ないじゃないの。次の人の予定があるとか言って、すぐに帰ろうとするし。

 Eさんにとっては、月に1回の訪問回数では少ないと感じていらっしゃるんですね。わかりました。そのことについても、次に私が訪問させていただくときにご提案できる内容があります。行き違いがないよう、そのとき直接お伝えさせていただいてもよろしいでしょうか。

 まぁ、ちゃんと考えてくれるのならいいわよ。 ✌**プロの技② ケアマネができる範囲と、他の支援につなげる対話への伏線になるように提示する**

④電話にて　内容：身体の痛みの訴え

 庭に野菜を植えたら両手が痛くなってきて……どうしたらいいか。

 そういうとき、Eさんはいつもどうされているんですか？ ✌**プロの技②**

 いつもは少し、氷で冷やしているわ。

 いつもは氷で冷やしているんですね。ほかにはしていることはありますか？

 湿布を貼ったり、夕方まであまり動かさないようにしたり。

 なるほど。いいですね。そのなかで、今やれそうなことは何かありそうですか？

 湿布を貼ることはできるから、やってみるわ。 ✌**プロの技②**

▶ 対応後の変化

- **本人自身が行える対処に気づけるようかかわったことによって、不安からくる反応に対応できるようになった**

4 アルコール依存症

絶対押さえておくべき症状

連続飲酒

飲酒コントロールが喪失し、48時間以上続く飲酒を指す。数時間おきにアルコールを飲み続け、常に一定濃度のアルコールを体内に維持している状態。

離脱症状

離脱症状は、飲酒を止めて数時間ほどであらわれ、手や全身の震え、発汗（特に寝汗）、不眠、イライラ感、集中力の低下、幻覚（虫の幻など）、幻聴などが現れる。

ウェルニッケ-コルサコフ症候群

意識が朦朧としたり、眼球が震えたり、まっすぐ歩行できなくなる。コルサコフ症候群に進行する人もおり、著しい記憶障害が現れることがある。

 主な症状

連続飲酒

飲酒コントロールが喪失し、48時間以上続く飲酒を指します。数時間おきにアルコールを飲み続け、常に一定濃度のアルコールを体内に維持している状態です。この段階までいくと、アルコールが体内から抜けると離脱症状が現れます。その離脱症状は、先述したようにお酒を飲むと緩和されるので、飲酒欲求は止むことはありません。強い意思をもってやめようと思ったとしても、離脱症状のつらさがそうはさせてくれないということです。このような悪循環にはまり込むと、自力ではお酒を断つことが難しく、専門的な治療が必要となります。

離脱症状

離脱症状は、急性離脱症候群と遷延性離脱症候群があります。急性離脱症候群は飲酒をやめて数時間ほどで現れ、手や全身の震え、発汗（特に寝汗）、不眠、吐き気、嘔吐、血圧の上昇、不整脈、イライラ感、集中力の低下、幻覚（虫の幻など）、幻聴などが見られます。遷延性離脱症候群は離脱後、数週間から数か月にかけて生じる持続的な症状です。その症状は抑うつ、不安、イライラ、焦燥、睡眠障害などがあります。これらの離脱症状の不快感から逃れるために、再飲酒に至ることもあります。

ウェルニッケ-コルサコフ症候群

アルコールによってビタミンの吸収が悪くなり、ビタミン不足を起こしやすくなります。そのなかでもビタミン B_1 はアルコールにより、大量に消費するため欠乏することが多く、その結果、脳に重大な障害を起こすことがあります。その代表がウェルニッケ脳症です。症状としては、意識が朦朧としたり、眼球が震えたり、まっすぐ歩行できないことがあります。これについては、ビタミンを点滴することにより、回復しますが、なかにはコルサコフ症候群に進行する人もいます。コルサコフ症候群は、ウェルニッケ脳症に続発する慢性健忘性症候群と言われ、著しい記憶障害が現れます。忘れた記憶を認めようとせず、話を作ろうとする（作話）傾向にあります。

薬物療法

　アルコール依存症の薬物療法は、その症状を完治させるために用いられるものではなく、心理・社会的治療の保管と用いられ、単に服用すれば断酒できるものではありません。

一般名（商品名）	特徴・留意点
ジスルフィラム、シアナミド （ノックビン、シアナマイド）	抗酒剤。服用後に飲酒すると、吐き気や顔面紅潮、頭痛等の反応が起こる。飲酒欲求を抑える作用はなく、一日断酒を誓うために服用するという人が多い。アルコールの入った食品、栄養ドリンク剤などでも反応が出ることがあるので避けることが必要となる。
アカンプロサートカルシウム （レグテクト）	飲酒欲求を抑える作用がある。服用後に飲酒しても、抗酒剤のような不快反応は現れない。抗酒剤と併用することも可能である。副作用として胃腸障害（下痢、腹部膨満感、悪心）がある。腎障害をもつ人と高齢者は慎重投与の対象になっている。

自助グループ

　アルコール依存症の治療には、断酒のための三本柱を使うことが有効と言われています。三本柱とは「アルコール依存症の専門外来の通院」「抗酒薬」「自助グループに通うこと」です。自助グループは大きく分けて二つあり、その特徴について表に示します。

グループ名	特徴
アルコホーリクス・アノニマス （Alcoholics Anonymous：AA）	AAでは、12ステッププログラムといって、アルコール依存症からの回復プログラムが提案されており、すでにそれに取り組んだことのある参加者の経験と知恵を借りながらプログラムを取り組むこともできます。グループ内では、ニックネーム（アノニマスネーム）でお互いを呼び合い、参加者同士のプライバシーを守ります。
断酒会	AAの取り組みを参考に、日本の文化などを考慮に入れ、独自の発展を遂げた自助グループです。AAと同様、参加者同士がアルコールに関する自身の体験を語り合います。主な特色は、会員制をとっており、参加者が自身の氏名を名乗ることです。家族も一緒に自身の体験を語ります。

集団プログラム

　薬物依存症をもつ人への集団プログラムにMATRIXモデルに基づいて旧せりがや病院で日本語版が開発されたSMARPP（Serigaya Methamphetamine Relapse Prevention Program）があります。その内容は、ワークブックを使いながら依存している薬物がなぜ危険なのか、再使用の「引き金」は何か、どのようにして危険な状況を避けるかなどを、過去の経験を振り返りながら学びます。グループメンバーがともに語り合い、新しい生き方を互いに認め合いながら断薬の継続を進めていきます。

　そのプログラムをアルコール依存症に応用した集団セッションが全国の医療機関に普及してきています。SMARPPと同じようにワークブックを使いながら、自分にとってなぜアルコールが問題なのか、お酒のない生活で見つけられるものは何かなどを考えていきます。

　お酒をやめることのみを目的とするのでなく、「よりよく生きる」「人間関係を回復する」といった視点をもち、参加しているメンバー同士、お互いを認め合いながら依存症の回復を進めていきます。

参照リンク
http://seishin.kanagawa-pho.jp/treat1/shortcare.html

4

アルコール依存症

ケース 1 アルコール依存症（疑い）の否認 定年後の飲酒増量

困難ポイント

本人がアルコール依存症を認めず、支援している現在もどんどん悪化している気がする。

Dさん（69歳・男性）アルコール依存症の疑い

事例の概要

- 大学卒業後、商社に入社。昼夜問わずバリバリと働き、40代で管理職に昇進。

- もともと晩酌する習慣があり、さらに取引先との接待など外でお酒を飲む機会も多かった。

- 定年後からは、昼も飲酒するようになり酒量が増えた。

- 約1年前に、身体のだるさや倦怠感が続き、食欲不振が現れたため、近くの内科を受診したところ、アルコール性脂肪肝と診断された。

現在の対応

☐ 内科医からは、アルコール依存症の疑いがあるとして、専門病院の受診を勧められた。しかし、Dさんは、「飲酒は現役時代からで、今はその頃より少し量が増えているだけ」と専門病院へは行かなかった。

☐ 5か月ほど前、アルコール性末梢神経障害による失調性歩行（酔ったようにふらふらと歩く）と考えられる歩行障害が現れた。

☐ 介護保険申請を行い、要介護1の認定が下りた。このタイミングでケアマネジャーがかかわることになった。

☐ 約3か月前から、歩行リハビリのための通所リハビリを利用している。

☐ 通い始めて1か月ほどは週1回、休まず通所していたが、最近は朝から飲酒することもあり、通所は月1回程度となっている。

☐ 現在は、妻と二人暮らし。

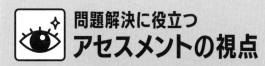

問題解決に役立つ アセスメントの視点

①アルコールによる臓器障害の進行

　長時間、アルコールを過剰に飲み続けると、体内の臓器にさまざまな影響を及ぼします。早い段階で治療をすれば比較的予後はよく、断酒により改善することが多いものの、再飲酒が始まるとすぐに悪化するという特徴があります。

　なかでも、肝臓はアルコールの9割以上を分解処理するので、毎日の飲酒によって大きな負担がかかります。アルコールを飲み過ぎた状態が続くと、脂肪肝から始まり、アルコール性肝炎、肝硬変と深刻な肝障害が現れ、命も危険になります。

②アルコール依存症は「否認の病」特に社会的地位の高かった人ほど依存を認めづらい

　アルコール依存症は「否認の病」とも言われ、診断を受けた後も自分が依存症になっていることを認めない、もしくは過小評価するといった特徴を示します。周囲の人からは精神論で処理されがちですが、「飲むのはよくない」とわかっていても、脳の異常により、自分の意志では飲酒を制御できない状態であり、まぎれもなく病気です。

　特に、現役時代に社会的地位の高い人ほど、アルコール依存症のイメージと、バリバリ働いてきた自己イメージとの間に大きなギャップを感じ、「自分は依存症である」と認めたくない気持ちが強い傾向にあります。また家族も、「これまで頑張ってきたのだから、好きなお酒ぐらい飲ませてあげよう」となかなか表面化しません。そのため、専門医を受診する頃には、症状がかなり進行していることも多くみられます。

多くの依存症の人に見られる傾向	周りの人たちは本人に……
「眠れないから飲んでいるだけ。依存ではない」 「やめようと思えば、いつでもやめられる」 「依存症ではあるが、それほど重症ではない」 など、**認めないか**、問題を**実際よりも軽く考える**	「意志が弱いからお酒をやめられない」 「根性が足りなくて、すぐお酒に逃げる」 と精神論で処理しがちだが ……

**やめたくてもやめられない、
脳の異常による厳然とした「病気」**

③定年後に飲酒量が増えることもある

　熱心に仕事に打ち込んできた人の場合、定年後の刺激のない単調な日々に退屈さを感じるようになることが多くあります。翌日の仕事や決められた用事（役割）がないので、お酒を飲む習慣のある人は、空いた時間をつい飲酒にあてるようになります。

　制御しながら飲んでいるうちはよいのですが、長時間の飲酒が常態化して酒量が増える傾向にあります。

4

ケース1──アルコール依存症〈疑い〉の否認×定年後の飲酒増量

問題解決に役立つ プロの技

□ 飲酒状況に理解を示す態度を保つ
□ 客観的な指標を活用する
□ 社会的役割を模索できるようサポートする

お酒について話せる関係性を築く ▸ 第三者の視点で考えてもらう ▸ 数値を用いて客観視 ▸ 否認があれば家族へのアプローチへ切り替え

プロの技① 「お酒を飲む状況」に理解を示す

　周囲からは、本人が毎日昼間からお酒を飲んでいる様子が、自分の依存を認めず開き直っているように見えます。しかし本人は、「いい歳をして昼間から飲んだくれる堕落者にみられているのでは」というような羞恥心や罪悪感を抱いていることが少なくありません。

　そのため支援者は、身体を壊すほど飲酒することは肯定しない一方で、本人がやむにやまれず「飲んでしまう背景・状況」には理解を示す必要があります。

　ですから、「昼間にお酒をどの程度飲むんですか？」といったダイレクトな質問ではなく、「時間があると、ついお酒を飲んでしまうことがあるのではないでしょうか」というように、お酒を飲む背景に理解を示す質問にしましょう。

　つまり、飲酒行為そのものを責めたりするのではなく、本人の「飲みたくなってしまう、飲んでしまう状況」に理解を示すことにより、飲酒行動について打ち明けられる関係性に発展します。

プロの技② 飲酒習慣の客観的評価をして、本人と共有する

　ケアマネジャーが「アルコールの問題がありそう」と感じたとしても、「アルコール依存症」と診断されていない場合は、どのような切り口でアセスメントすればいいのか悩ましいのではないでしょうか。

　そのような場合、アルコール依存症の簡易介入の必要性を測定する評価ツールである飲酒習慣スクリーニングテスト（AUDIT：The Alcohol Use Disorders Identification Test）や新久里浜式アルコール依存症スクリーニングテスト（新 KAST）といったスクリーニングテストを活用してみるのもよいでしょう。自己チェックリスト式になっているので、訪問時に本人と一緒にチェックし、飲酒習慣を客観的に評価してみましょう。インターネット上で入力してチェックすることもできます。

プロの技③ 本人が社会的役割をもてるような調整をする

　依存関係を緩和する方法として、定年後に余裕のできた時間を利用して、社会とつながることのできる「新たな役割」をもつことも有効です。

　ただしそれは、現役で働いていたときのような役割や地位のある、いわゆる「仕事」だけを指すのではありません。たとえば以下のような活動も「役割」をもつことにつながります。

　こうした社会的役割を果たすために健康を維持しようとする意識が働き、「何のためにお酒をやめるのか」といった断酒継続の動機づけが可能となります。

▌「役割」をもつことにつながる活動

- 家庭内での家事や掃除などの分担
- 町内会やボランティア活動
- 断酒会への参加

プロの技を 会話例で理解する

☝プロの技① 「お酒を飲む状況」に理解を示す
☝プロの技② 飲酒習慣の客観的評価をして、本人と共有する
☝プロの技③ 本人が社会的役割をもてるような調整をする

モニタリング時、今後のことについて話し合うことになった

 もしかして、日中の時間を持て余して、ついお酒で時間をつぶしてしまうのかなと感じたのですが、いかがですか？ ☝プロの技① 飲酒状況に理解を示す態度の質問

 そうなんです。初めはいろいろやっていたんですが飽きてしまって……で、昼にぽっかり空いた一人の時間が、退屈でね。 質問が本人の「飲酒量が増えるプロセス」を語る入り口になった

 ご自身で知らないうちに昼の飲酒量が増えていたんですね。内科の先生から、Dさんの身体の状態や専門医を紹介されたこともお聞きして、私はすごく心配なんです。

 やることがないから飲んじゃうだけで、やめようと思えばいつでもやめられると思います。

 そうなんですね。そういう意思のあるDさんに、なぜ先生は専門医を紹介されたと思いますか？

 肝臓の機能がよくなくて、ここまでくると自分の意思でお酒をやめることは難しいので、専門医で治療したほうがいいと言われました。

 先生も身体のことを心配したうえで専門医の受診を勧めたということなんですね。

 そうだと思います。けど、私は自分の意思でやめられると思うので受

診はしません。 自分の意思でお酒をやめようとしていることは共有できた。ここで「なんで受診しないんですか？」と追い詰めると対話が平行線になるため、まずは本人が表出した気持ちを受け止めることを優先

 そういえば、現在の飲酒習慣をチェックできるものがあるのはご存知ですか？　今の自分の飲酒習慣を知ることは、Dさんにとってお酒をやめるための力になりそうだと、私は感じています。簡単にできますし、一度、やってみますか？ ✌プロの技②

 まぁ、やってみます。（AUDIT 25点）

 結構、高い点数が出ましたね（苦笑）。 依存症が疑われるスコアが出たからといって、「専門医へ行きましょう」と促すとプレッシャーになるため、ここでは避ける
　ちなみに、先ほど退屈とおっしゃっていた日中の時間に、アルコールについて語ったり、学べたりする自助グループというものがあるんです。 ✋プロの技③　自助グループへの参加調整

 そういう集団の場は不慣れで……。

 集団は不慣れなんですね。もし、よろしければ奥様だけでも参加できるグループもありますので、奥様に情報提供させていただいてもよろしいでしょうか。 本人が自助グループとつながりたいと思ったときの入り口を作り、かつ家族へのアプローチに切り替え

 はい。それは大丈夫です。

対応後の変化

- 飲酒する背景を理解し、本人が自ら「飲酒量が増えるプロセス」を語った
- 客観的指標を用いて、今の飲酒状況を共有した
- 家族の自助グループ参加に向けた入り口を作った

2 アルコール依存症の飲酒欲求
家族のイネイブリング

困難ポイント

妻の行動はイネイブリングと考えられるが、どう伝えればよいかがわからない。

Xさん（70歳・男性）アルコール依存症、要介護2

事例の概要

- 昼間から飲酒傾向にあったXさんに、次第に飲酒量が増え、昼食代に渡したお金はすべてお酒で使うようになった。その後、お金を渡さないように昼食を準備するようにしたが、Xさんは立ち飲み屋に行き、後払いで飲んでくるようになる。ほぼ毎日、妻が店に支払いに行き謝罪していた。

- ある日、「泥酔したXさんが店先で転倒し、救急搬送された」と連絡があった。病院に駆けつけた妻は、医師から専門医の受診を勧められた。

- 専門病院を受診し、アルコール依存症と診断された。

現在の対応

□ 妻は、自分が不在となる日の時間の見守り支援を検討したが、Xさんは「お酒はやめるから」と懇願したため、支援は導入しなかった。

□ しかしその後も、後払いで飲みに行くことは続いている。

□ 「約束をやぶられた」と感じた妻が、「お酒をやめてくれないのだったら、家から出て行く」と伝えると、「次こそは本当にやめるから出て行かないでほしい」と何度も謝られ、思いとどまった。

□ それから3日後、Xさんは飲みに行くことを再開した。

□ 困り果てた妻は、地域包括支援センターに相談に行き、ケアマネジャーが訪問することになった。

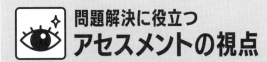

問題解決に役立つ
アセスメントの視点

①家族なりに対応した結果がイネイブリングにつながる

　アルコール依存症の人は、自分の意志だけでお酒の量をコントロールすることが難しい状態です。だから飲まない約束をさせたり、お酒をやめることを責めたりしたとしても、効果はありません。むしろ責められているという思いだけが残り、飲酒欲求があったとしても、正直に話さなくなります。結果、隠れて飲酒するようになり、家族はそれを管理しようとする。その、いたちごっこが続きます。

　このような状態をイネイブリングと言い、相手のためによかれと思ってやっているのに、結果的に相手の問題を進行させてしまう行動を指します。その悪循環から抜け出すためには、周囲の人がイネイブリングをやめて、本人の問題を手放し、責任を本人に返す、つまり、本人が自分の問題ときちんと向き合う機会を作ることが重要です。

　Xさんの場合も、妻は、よかれと思って「お店に迷惑をかけるわけにはいかない」と、飲み代の支払いや謝罪に行っていますが、この行動が続く限りアルコールを飲める状態を作ってしまっているということになります。

②家族の苦労や頑張りに理解・共感する姿勢を示す

　家族がイネイブラーになっていると気づくと、支援者としては、すぐに「その対応を改めましょう」と指摘したくなります。

　しかし、いきなりこうした言葉をかけると、家族としては、これまでの苦労やがんばりを否定されているように感じます。また、「自分のせいでアルコール依存症を進行させてしまった……」と、強く責任を感じてしまうおそれもあります。

　大切なのは、どのような経緯から現在に至ったのかを確認し、これまでの苦労や頑張りに理解・共感を示すことです。そのうえで、本人が酔って迷惑をかけた相手への謝罪や賠償などを家族が担うことがイネイブリングに当たることを、本人の行動と結びつけながら丁寧に伝えることがポイントです。

**問題解決に役立つ
プロの技**

□ 家族にこれまでの経緯を確認し、その道のりをねぎらう
□ 一般的な例を引き合いに、家族と一緒に今やっている行為がイネイブリングかどうかを振り返る
□ 家族がイネイブリングをやめる勇気がもてるよう、リスク回避の準備を行う

| これまでの経緯を確認 | → | 家族の対応を確認 | → | 本人自身が課題に向き合える対応を検討 | → | リスク回避の準備 |

🖐プロの技① 家族にこれまでの経緯を確認し、 その苦労をねぎらう

アセスメントの視点 で述べたように、イネイブリングに気づいたとしても、すぐに「イネイブリングをやめましょう」と伝えるのは先走りすぎです。家族との関係を壊しかねません。その前に、家族を十分にねぎらいながら、現在の状況に至った経緯を確認する必要があります。

これまでの経過を丁寧に確認していくと、そこには必ず家族なりの苦労やがんばりがあります。さまざまな思いや苦悩の末に「今」があるということです。まずはそうしたこれまでの道のりと努力をねぎらいましょう。そうした共感なしでは、支援者の言葉は家族に届きません。

🖐プロの技② 「同じ経験をした人がとりがちな行動」を伝え、 家族が自分の行動を振り返る

イネイブラーの人に「イネイブリングに該当する行動」を伝えるときは注意が必要です。「奥様の○○という行動はイネイブリングにあたりますよ」などと指摘するだけでは、家族が「イネイブリングをやってしまった」と自分を責めることにもなりかねないからです。

そこで、まずは同じ経験をしている人が、どのような行動をとっているかを伝えつつ、家族の行動を確認しましょう。

> 「命の危険があると言われているにもかかわらず、お酒をやめないご主人と接していると、通常、叱責やお酒を管理したくなったとしても不思議ではないのですが、奥様はいかがでしょう」

🖐️ プロの技③ 本人へ宣言したことは実行してもらう

現在の行動がイネイブリングに該当することが共有できたら、次は、家族が本人へ宣言したことは実行してもらうように伝えましょう。

本ケースの場合は、妻が宣言した「お酒をやめてくれないのだったら、家から出ていく」ということを、しっかりと実行してもらいます。家族の宣言が本心からではなかったとしても、実際に行動に移すことで、本人は初めて「自分の問題だ」ととらえることができます。

そうはいっても、家族が宣言したことを行動に移すのには、勇気と覚悟が必要です。ケアマネジャーは、本人の支援の一環として、家族が宣言したことを実行するための支援を行うことが求められます。☞プロの技④を参照

🖐️ プロの技④ あらかじめ緊急時の対応を決めておき、家族・他の支援者と共有する

プロの技③ で宣言したことを実行するためには、リスクとなり得ることや、実際にそのリスクが生じたときのことを支援者間はもちろん、家族とも共有しておく必要があります。

リスクが生じたときの行動で大切なのは、必ず本人が自分の問題と向き合えるように動くことです。その結果の担保があってこそ、家族は宣言したことを行動に移すことができると考えます。

■ 宣言した内容を実践した際のリスクへの対応例

- 家を出て行った後、妻は1日1回本人に電話する。
- ケアマネジャーが訪問し、本人と現状を振り返る。

プロの技を
会話例で理解する

 プロの技① 家族にこれまでの経緯を確認し、その苦労をねぎらう

 プロの技② 「同じ経験をした人がとりがちな行動」を伝え、家族が自分の行動を振り返る

 プロの技③ 本人へ宣言したことは実行してもらう

 プロの技④ あらかじめ緊急時の対応を決めておき、家族・他の支援者と共有する

ケアマネジャーが訪問。妻のみ同席

 これまでの経緯を教えていただいてもよろしいでしょうか。
プロの技①

 私が家を出ると言っても、夫がお酒を飲むことをやめなくて……。今も私がいない時間に居酒屋に行ってます。後払いで飲んでくるんですよ。私の苦労がわかっていないんですよ。

 これまで一人で本当に大変だったと思います。こうした状況があると、通常、叱責やお酒の管理をしても不思議ではないのですが、奥様の場合はいかがでしょう。 **プロの技①・②**

 家にお酒を置かないようにしています。でも、私がいない間に後払いで飲んできて……私が謝罪して支払ってくるんです。そんなのもういやだから「家を出て行く」と言ったんですが、「明日から飲まない。出て行かないで」と謝る姿をみると、放っておけなくて……。

 そうですか。奥様の話を聞くと、本当に大変だと思います。ただ、奥様にとってはびっくりされることかもしれませんが、実は奥様の対応が飲酒問題を進行させている可能性があるんですね。

 どういうことですか?

 誤解せずに聞いてほしいのですが、多くのご家族は、その人のためを

思って「イネイブリング」ということをしてしまいます。 **プロの技②　イネイブリングの意味を伝える**

 具体的にはどういうことですか？

たとえば、奥様がお金を支払っている状況。これは、視点を変えると、ご本人に飲酒できる環境を作っているともいえるわけです。

たしかに。けど、お金を支払わないとお店が困りますよね。

もちろん、店側は困ります。ですので、お店側には、「後払いと夫が言っても、私は支払いに行けませんので」と伝えておく必要はあるかと思います。 **プロの技③** それから、**「家を出て行く」と言ったことも、実行しなければ X さんが困ることはないので、本人がアルコール問題に気づくことはできないです。** **プロの技③　宣言したことを実行してもらう**

たしかに……。けど、私が出て行ったら主人一人で生活はできないと思いますし……。

そうですね。そのときの準備を考えておくことは必要かと思います。たとえば、**朝と夕方に電話を入れるとか、お酒を飲んでいなければ、一泊二日で帰宅するとか。そういった方法を決めておくわけです。** **プロの技④　緊急時の対応を決めておく**

※後日、X さんも交えて 3 人で飲酒欲求をコントロールしていくための支援について話し合った。

実践結果

- **これまでの経過を丁寧に聞き、今やっている対応を検討し、イネイブリングである可能性が示唆できた**
- **宣言したことを実行するにあたってのリスクとサポート体制の入り口を作ることができた**

3 アルコール依存症の連続飲酒
近隣トラブル

ケース

困難ポイント

手を出し過ぎてしまうと本人のためにならないが、介入しないと生活が維持できない。

Tさん（男性・68歳）アルコール依存症、要介護2

事例の概要

- 勤めていた会社を50代でリストラされ、以後、飲酒量が増える。この頃居酒屋でトラブルになり、初めて警察に保護された。

- 両親が病院受診を懇願。しぶしぶ受診してアルコール依存症と診断され、断酒を始めた。

- 両親が1年前に他界し、現在は一人暮らし。両親の他界をきっかけに再飲酒が始まった。

- 酔って近隣の人に文句を言うなどのトラブルが続き、管理人から注意されてもやめなかったため、アパートを退去させられた。その後、同様の問題で3回転居した。

現在の対応

□ 半年前、泥酔状態で自宅にて転倒し、大腿骨頸部骨折で入院した。それをきっかけに介護保険を申請。ケアマネジャーがかかわるようになり、週3回の訪問介護を利用している。

□ 退院後は飲酒せずに過ごしていたが、1か月経過した頃から再度お酒を飲むようになった。

□ また近隣の人とトラブルを起こすようになり、警察に通報される。管理人から、「次に飲酒によるトラブルがあったときは退去してもらう」と通告された。

□ 本人から「管理人に病気のことを説明して、ここに住まわせてもらえるようお願いしてほしい。これは病気のせいだと伝えても信用してくれない」と助けを求める電話があったが、ケアマネジャーはどこまで介入すべきか判断に迷っている。

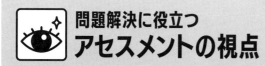

問題解決に役立つ アセスメントの視点

①どこまで介入すべきかを迷う理由

　支援者の誰かが本人の課題を処理してしまうと、問題を起こした本人が努力しなくても解決するため、本人は行動を変える必要性がなくなり、自分の課題に向き合う機会を失います。

　本ケースでは、これらのことをケアマネジャーは理解していましたが、実際には管理人との間を取り持たないと生活が立ち行かなくなる可能性が高いと考え、どこまで介入すればよいのかの判断に迷ったと考えられます。

②本人が課題に立ち戻るためのアプローチの難しさ

　では、ケアマネジャーはどのように対応すべきなのでしょうか。

　まず、問題の本質が何なのかを考えてみましょう。現在、Tさんが直面している問題は、「アパートを追い出されるかもしれないこと」です。しかし、その発端は、泥酔したTさんが近隣の人とトラブルを起こしてしまうことであり、問題の本質は「Tさんの飲酒」にあります。

　つまり、ケアマネジャーが本人の代理人として交渉を行うことで、住居トラブルは一時的に解決するかもしれませんが、問題の本質が解決していない以上、同様のトラブルを繰り返してしまう可能性は捨てきれないということです。

　また、ケアマネジャーがTさんの思いを代弁すれば、飲酒後の行動が他者に与えた影響について、本人が考える機会は失われます。それは、本質的な問題解決を遠ざけてしまうのです。

　これらを考えると、ケアマネジャーは管理人と代理交渉の役割を担うべきではありません。

　しかし一方で、ケアマネジャーがこのまま何もせずにいると、再び飲酒によるトラブルを起こし、住居を追い出されるのは時間の問題です。

問題解決に役立つ
プロの技

□ ケアマネジャーと利用者の課題を分離する
□ トラブルについて客観的に振り返る機会を作る
□ トラブル後の行動を振り返り、治療の動機づけを行う

取り組む課題を
分ける ▶ 管理人の立場に
なり振り返る ▶ トラブル後の
行動を明確化 ▶ 治療とのつな
がりを見出す

プロの技① ケアマネジャーと利用者それぞれが
取り組むべき課題を分けて考える

　Tさんのような場合は、まず、ケアマネジャーが取り組むべき課題と、利用者自身が取り組むべき課題を、分けて考える必要があります。イネイブラーになってしまう原因の多くは、本人が取り組むべき課題にほかの人が干渉し、何とかしようとしていることにあるからです。共感力が強く、利用者の問題を引き受け過ぎてしまう傾向のあるケアマネジャーは、特にこの整理が肝心です。

　以下のように課題を分けて考えると、意図せずイネイブラーになるのを避けることができます。

取り組む課題を分けて考える

ケアマネジャーが取り組むべき課題	○ Tさんがアルコール依存症と付き合いながら自立した日常生活を送れるように、必要な援助を調整すること × 大家を説得
Tさんが取り組むべき課題	○ 飲酒後の行動による結果を受け止め、向き合うこと

　このように課題を分けて考えると、意図せずイネイブラーになるのを避けることができます。

🤚プロの技② トラブルの原因について本人が 客観的に振り返られる機会を作る

　警察の介入が必要なトラブルが頻発すれば、それが病気の影響だとしても、管理人が退居を宣告しなければいけないことは誰の目にも明らかです。しかし、Tさんは「病気のせいだと伝えても信用してくれない」と管理人側に問題があるかのように話しています。こうした発言を聞くと、「これまでのことを思い返してみてください。何度も迷惑をかけていませんか」などと言いたくなるかもしれません。

　しかし、そんなことは本人が一番よくわかっています。ここで支援者に求められるのは、本人を責めることではなく、「なぜ管理人がそう言ったのか」を本人が主体的に考えることです。管理人の言葉の意図を考えてもらうことで、これまでの自分の行動を振り返る機会となるからです。

🤚プロの技③ トラブル後の行動を振り返り、 治療への動機づけを行う

　トラブルだけをたどると同じような経過をたどっているように見えますが、本人なりに何とかしようとする思いはあります。その思いを治療の動機に結びつけていきます。具体的にはトラブル後の行動を明確にします。

　その方法は、まず「トラブルのあと、何かやってきたことはあるか」ということを尋ね、次に今回の出来事をどう理解したのか、どのように考えたのかを確認します。最後にやりとりした内容を要約して共有します。

　この一連の流れをセットで行い、これについて主治医とどのような話をしているのかを整理していきます。

プロの技を
会話例で理解する

 プロの技① ケアマネジャーと利用者それぞれが取り組むべき課題を分けて考える
 プロの技② トラブルの原因について本人が客観的に振り返られる機会を作る
 プロの技③ トラブル後の行動を振り返り、治療への動機づけを行う

 住居の相談をお聞きすることはできますが、私から管理人に病気のことを説明し、追い出されないように説得することはできません。
 プロの技①

 何でできないんだよ。俺がこんなに困っているのに見捨てるのか!?

 そうではありません。私の役割は「Tさんがアルコール依存症と付き合いながら、自立した日常生活を送れるように必要な援助を調整すること」です。だから、たとえば、管理人とどのように話をすればよいのかを一緒に考えることはできます。 **プロの技①**

 管理人は俺の言うことを信用しないんだよ。

 具体的にはどんな話をしたんですか？ **具体的な状況を確認**

 俺が酒をやめられないのは病気だからって言っても、「ほかの人に迷惑をかけ続けるなら、退去してもらう」一点張りなんだよ。

 Tさんが切実に伝えても、そういう返事だということですね。ちなみに管理人は、なぜそういう言葉を返してくると思いますか？
プロの技②

それは……何度も警察を呼ばれるようなことがあったから……。

（うなずいて）そのときの記憶はありますか？ **アルコールの影響を確認**

うっすらとは覚えているけど……あとで管理人から聞かされることが

多いね。

 そうなんですね。警察を呼ばれたと知った後、Tさん自身はどのようにされたのですか？ 🤟プロの技③ トラブル後の行動を確認

 主治医に相談したことはあったけど……。断酒のプログラムを勧められた。けど、前は通院だけで断酒できていたから、自分の意志でやめられるんじゃないかって思って……プログラムは受けていないよ。

 そうだったんですね。では、今回の件があって、改めてどのように考えたか、聞かせていただいてもよろしいでしょうか。 🤟プロの技③ どう考えたのかを確認

 ……これまで何度も飲酒でのトラブルでアパートを追い出されて、やっぱりアルコール依存症の治療をしっかりと受けないといけないんだろうな……と。

 （うなずきながら）治療を受けるというのは、主治医に勧められた断酒プログラムを受けようということでしょうか。 🤟プロの技③ やりとりの内容を要約して共有

 ……そうだね。

 わかりました。では、その決意を管理人にも伝えてみるのはいかがでしょう。

 そうだね。考えてみれば、ちゃんと治療を受けていなかったから管理人も信用してくれなかったのかもしれないな……。伝えてみるよ。

対応後の変化

- **お互いが取り組むべき課題を分け対話した**
- **トラブル後の行動を振り返り、どのように考えたかの言語化をサポートすることにより、治療プログラムへの動機づけが行えた**

5 発達障害

絶対押さえておくべき症状

自閉
スペクトラム症

対人関係がうまく結べず、相手の気持ちやニュアンスを読み取ることが苦手。

注意欠如・
多動症（ADHD）

気が散りやすく、うっかりミスや忘れ物が多い。じっとしていることも苦手。

学習障害

知能には問題ないが、読み書きにおいての習得が困難。

🩺 主な症状

過剰適応と二次障害

過剰適応

社会環境に対して過度に適応した状態（外で無理してる）		感情不安定（無理の反動）

やりたいことの抑圧
（我慢）　　　　　　　　やるべきことへのこだわり
　　　　　　　　　　　　　（頑張りすぎる）　　　　　　家で荒れる、
　　　　　　　　　　　　　　　　　　　　　　　　　　かんしゃくを起こす

課題	本人自身の苦しみが周りに気づいてもらえない

二次障害に発展
頭痛、食欲不振、不眠、強迫、抑うつ、対人恐怖、パニック、暴言、暴力、強い反抗など

　真ん中の電池をエネルギーに見立てています。過剰適応が生じるとエネルギーの消費が起こり、枯渇寸前になると感情の不安定さが現れます。一晩休み、エネルギーが満タンに回復すればよいのですが、過剰適応が生じている限り、エネルギーの消費は加速していきます。

　過剰適応とは、社会環境に対して必要以上に過度に適応した状態をいいます。通常、人は周囲からの要求や圧力、自分の内的な衝動や欲動に対して、適応する行動を選択します。その適応が過剰であればあるほど、心身の不調がきたしやすいと言われています。発達障害をもつ人の場合は、集団のなかで生活しているだけでも相当ストレスを感じています。一見、何事もなく過ごしているようでも、この過剰適応が生じていることが多いのです。

　この過剰適応の課題として、本人はやりたいことを我慢したり、逆に頑張りすぎる傾向があったりします。たとえば、やりたいと思い、始めた仕事であっても、自分でノルマを課してしまい、

やりたいことと、やるべきことが混合してしまうといったことです。もちろん、最初のうちは、周りの人からは「よく頑張っている」と称賛されるのですが、その適応が過剰であった場合、早い段階でエネルギーは枯渇し感情の不安定さが露呈します。この過剰適応が生じている限りは、本人自身の苦しみは続きますので、自ずと二次障害に発展する可能性も高くなります。

 主な治療

薬物療法

　ADHD の薬物療法の代表は、中枢神経刺激薬のコンサータ（商品名：メチルフェニデート）と非刺激薬のストラテラ（商品名：アトモキセチン）があります。その期待される効果と主な副作用について、表にまとめています。

薬剤名	特徴	主な副作用
コンサータ （商品名：メチルフェニデート）	抑制力や注意を保つ力、自制力の向上が期待できる。	不眠、食欲低下、頭痛、胃痛などがあり、なかには焦燥感が現れる人もいる
ストラテラ （商品名：アトモキセチン）	2〜4週間かけて、徐々に増量。不安症状や抑うつ症状の改善が期待できる	吐き気、嘔吐、口渇、めまい、うとうと眠くなるなど。

精神科訪問看護の導入

　発達障害の多くの方は、曖昧な説明や環境に身を置くと状況把握がうまくできず、混乱することが多いです。そのため「○○しましょう」といった行動の指示をするよりも、「今、どのような状況なのか」といった状況把握のサポートが重要になります。つまり、行動（出力）よりも、状況把握（入力）を優先的にアプローチするということです。

　児童精神の領域においては、TEACCH や感覚統合、プレイセラピーといった、本人の特性に合った治療プログラムがありますが、成人したあとは、精神療法や心理療法を中心に治療は展開されます。しかし、先述した状況把握が必要な場面は、日常生活のなかで起こってくることです。ですから、治療を促進する支援として、自宅に訪問し、状況把握をサポートしてくれる精神科訪問看護を導入することにより、発達障害の特性とつき合う力を向上させていくことができると考えます。

1 発達障害のコミュニケーション不全 8050問題

困難ポイント

手を出し過ぎてしまうと本人のためにならないが、介入しないと生活が維持できない。

Oさん（80歳・女性）自閉スペクトラム症、要介護1

事例の概要

- 週3回の訪問介護を受けている。息子（52歳。40代で発達障害と診断）と二人暮らし。

- 息子は中学校の頃いじめられ、不登校となる。

- 20代で飲食店に就職したが、先輩に叱責され続けた。自分は迫害されているという被害的観念が現れて退職。その後、母であるOさんの勧めで精神科を受診したが、1回のみで中断した。

- 40代で成人の発達障害特集の放映を目にする。「自分は発達障害かもしれない」と精神科を受診。

現在の対応

☐ Oさんは、息子の診断について「何か難しい名前の病名をいわれていたなぁ」と、深い関心はない様子。

☐ ヘルパーやケアマネジャーが訪問したときは、息子は部屋から出てこない。普段は、Oさんとリビングで過ごすが、親子間のコミュニケーションはまったくない。

☐ 家の中は常に物が散乱しているため、ヘルパーが片付けをしようとすると、Oさんから「あとで息子に怒られるから、息子に聞

いてからにしてほしい。あの子はこだわりがあって、物の配置が変わると『人の物を勝手に動かすな！』『自分がどれだけ苦しいかわかっていない！ 気持ちをわかろうとしない！』と私に罵声を浴びせてくる」と話す。

☐ Oさんは、そのように息子に責められるたびに強い恐怖と悲しみを感じ、「私ががまんすればいい」と、息子のこだわりすべてに対応。一方で、息子の怒りはエスカレートしている。

問題解決に役立つ アセスメントの視点

①Oさんの息子に見られる発達障害の障害特性

　Oさんの息子には、発達障害の特性として、「物の配置に対する執着や固執」が見られます。言い換えれば、「特定のルールに強くこだわる」という特性です。

　この特性の背景には、小さな変化に対して極度の苦痛を感じ、柔軟性に欠けてしまう、そういう思考が考えられます。

　支援の方向性としては、息子にこうした障害特性があるという背景を理解しながら、Oさんが息子にどう対応していけばよいのか、ここを具体的に考えることが鍵となります。

②Oさん親子への支援——二つのNG行動

　Oさんと息子の関係性を見てみましょう。

　こだわりを強要されているOさんは、息子から責められることを避けるために、仕方なく応じていることがわかります。つまり、「強要する」⇔「応じる」という呼応関係が成立しているということです。このような呼応関係は、悪循環を生み、脱出が難しくなります。ここでは、やりがちだけれど避けるべき対応をOさんと息子、それぞれについて解説します。

❶息子へのNG対応：説得や説教

　一つ目のNGは息子に対する説得や説教です。たとえば部屋の前で「この状況が続くと、お母さんは具合が悪くなってしまいますよ」「あなたのこだわりをお母さんに押しつけてはいけません。お母さんのつらさもわかってください」などと言うことです。これは単なる脅しにしかならず、「自分の苦しさをわかってくれない」という思いが強くなるだけです。

　また、ケアマネジャーが帰ったあとに、「親なのになぜ、自分の苦しみがわからない！」と、さらにOさんを責めるリスクが高くなります。

❷Oさん（親）へのNG対応：精神論を説く

　二つ目はOさんに対して精神論を説くことです。たとえば「親が甘やかすのはよくない」「もっと厳しくしなきゃいけないですよ」などです。

　ひきこもりの状況下にある親の立場は、ただでさえ自責の念を抱きやすいものです。「自分の育て方が悪かったのではないか」「もっと一緒にいてあげればよかったんじゃないか」など。そこに精神論をぶつけることは、さらに自責の念を深めるだけで解決には至りません。

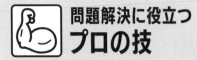

□ **過去のコミュニケーションに戻す**
□ **責められたときはⅠメッセージで伝えづらい気持ちを表現する**

プロの技① 親から子どもに挨拶してもらう

アセスメントの視点 でお伝えした「強要する」⇔「応じる」の悪循環を脱するためには、親と子のコミュニケーションに少しでも変化を加えることが必要となります。

その第一歩として、親から子どもに日常生活での「挨拶」をしてもらうことがあります。「おはよう」「行ってきます」「ただいま」「おかえり」など、ごく普通の挨拶でかまいません。

もし、子どもから返事がなかったとしても、「挨拶しているのだから返事をしなさい」「無視するんじゃない」といった言葉は避けましょう。挨拶の目的は、親子間の対話を実現するための「下準備」です。挨拶は、それだけで「相手の存在を認める」というメッセージになります。子どもから何も返事がなかったとしても、親から子どもへの肯定的なメッセージとして伝わります。

挨拶が定着してくると、「うん」「あぁ」など、何らかの返答が増えてきます。そうなったら次は、結論を出さなくてもよい「どうでもいい内容の話」をしていきます。たとえば、「今日はいい天気ね」「今日の料理は魚にしようかしら」などです。過去に存在していた他愛のない親子間のコミュニケーションに戻していくということです。

ただし、長年コミュニケーション不全であったことを考えると、この段階に到達するまでには、相当の時間を要すると認識しておきましょう。

✌️ プロの技② 親が子どもから責められたときは、親には伝えづらい気持ちを表現してもらう

　親が子どもから責められた場面で「あなたが〇〇をしているからでしょう」「そんなこと言ってはダメでしょう」などの you メッセージ（「あなた」を主語にしたメッセージ）や否定する言葉を使っているときは注意してください。

　相手は「そうだね」と受け入れることなく、反発もしくは、家族を避けるようになります。また、Oさんのように「私が我慢すればいい」と受け入れている状況が続く場合、一方が"責める"、一方が"受ける"という関係性から抜け出せず、その責める内容はエスカレートしていきます。

　ここでの打開策として「相手のどんな行動が不快だったか」「その行動を受け、どのように感じたか」について、I メッセージ（「私」を主語にしたメッセージ）で、伝えましょう。内容によって、「今後、どのようにやってほしいのか」を加えると、相手の攻撃性は減少しやすくなります。

　なお、この プロの技② は、プロの技① を実施してからのほうが、より効果は高いと感じます。なぜなら、日常のコミュニケーションがとれていない段階では、「お前の気持ちなんか知らんわ」「うるさい。黙れ」と聞く耳さえもってくれない可能性が高いからです。

プロの技を
会話例で理解する

プロの技① 親から子どもに挨拶してもらう

プロの技② 親が子どもから責められたときは、親には伝えづらい気持ちを表現してもらう

Oさんを担当して5回目の訪問。Oさんのほかの課題は落ち着いて安定しつつある

 息子さんとは、この1か月いかがでしたか？

 相変わらずよ。この間も少し物を動かしただけで大声を出してね。

 そうなんですね。普段の会話はどうですか？

 落ち着いているときはリビングで一緒にテレビをみることもあるわよ。

 そのとき、何か会話をしますか？

 うーん、ほぼ話をしないわね……。

 ありがとうございます。私の感じたことを少しお伝えしてもいいですか。

 ええ。

 Oさんは息子さんの機嫌を損ねないよう細心の注意を払っていると思います。それに対して、息子さんもピリピリしている。もしかしたら、お互いにピリピリして、家庭内の緊張感を増幅させているのかもしれないと感じたのですが、いかがですか。

 そうね。私も腫れ物に触るような感じになってるかも……。

（うなずきながら）この緊張感をやわらげるために「おはよう」とか、「おやすみ」などの軽い挨拶から始めてみてはどうかと考えているんですが、いかがですか？ 👆**プロの技①**

たしかに最近挨拶してないわね。挨拶程度ならできそうだし、やってみようかな。

翌月のモニタリング訪問

この1か月、挨拶も含めていかがでしたか。

挨拶したけど、返事は返ってこないわ。

返事がないと、Oさんはどう感じますか？ **息子の反応に関する感情を確認**

すぐには返事があるとは思っていなかったので、こんなもんかと……。

（うなずきながら）もしかするとすぐに返事は返ってこないかもしれませんね。ただ、Oさんが毎日挨拶することは、息子さんの存在を認めているというメッセージとして伝わっていると思います。
👆**プロの技①** が継続できるよう、その効果を示す

（うなずきながら）そう言われてみれば、昨日一緒にテレビをみていたとき、その番組に出演していたタレントさんの名前を聞いてきたわ。

それは、これまではなかったことですか？

そうね。なかったわね。 **コミュニケーションの変化を共有できた**

▎**対応後の変化**

- **挨拶から始めて、親子間のコミュニケーションにこれまでとは異なる変化をもたらした**

2 注意欠如・多動症（ADHD）の 不注意　雑然とした部屋

困難ポイント

利用者が一人になったときの生活のしづらさが解消されない。

Qさん（65歳・男性）ADHD、要介護1

事例の概要

- 地元の工場に就職したが、作業速度が遅く1時間以上じっとしていられなかった。

- 3年ほど仕事を続けたが退職。その後はアルバイトを転々とし、現在まで正規の就職はしていない。

- 1年前に両親が他界。心配した叔父が訪ねると居室に物やゴミが山積していた。

- 叔父から「テレビで発達障害の人は片付けができないと紹介していた。一度、病院で診てもらっては」と勧められ、叔父の付き添いのもと受診。

- 検査後、ADHDと診断。コンサータが処方された。

現在の対応

□ 支援の必要性を感じた叔父は、本人を連れて地域包括支援センターへ相談に行った。

□ 過去に両親を担当していたケアマネジャーがQさんの話を聞くことになった。

□ ケアマネジャーがQさん宅を訪問すると、Qさんは「主治医から、『家が片付かないのは、ADHDの特性も影響しているのではないか』と言われた」と話す。

□ ケアマネジャーは、話を聞いて「特性のため片付けられないのであれば仕方がない。すぐにでもヘルパーを導入して、ヘルパー主導で片付けをしてもらおう」と考えた。

問題解決に役立つ
アセスメントの視点

①ADHDの残存徴候による生活への影響

ADHDをもつ人の成人以降の残存徴候として、衝動性と不注意があると言われています ☞**発達障害の疾患解説を参照（p.132）**。本ケースのQさんには、以下のような点で衝動性や不注意が現れていると思われます。

衝動性の徴候	不注意の徴候
● 1時間以上じっとしていられない	● 作業速度が遅い（課題への集中困難）
● ミスを指摘されると、大声で叫ぶ	● 居室に物やゴミが山積 （物の整理が完遂できない）

②課題を明らかにせず「やってあげる」支援を入れるのはNG

発達障害の支援に限らないことですが、「片付けで困っているのであれば、ヘルパー主導でしてもらおう」と、目の前の課題を単純にこなして解決しようと考えるケアマネジャーは少なくないと思われます。しかしこの考え方は、ケアマネジメントとしてはNGです。

本ケースの場合、すぐにヘルパー主導で片付けをすれば、Qさん本人は喜んでくれるでしょう。しかし、このような「やってあげる」支援には、その後のQさんの生活の質を底上げするという視点が抜け落ちています。部屋は片付いたとしても、Qさん自身がADHDの特性とつき合う経験を重ねなければQさんの生活のしづらさは続くのです。

③「本人が自分の特性への対応」を考える機会を設ける

Qさん自身がADHDの特性を知り、「片付けができない」ことに一緒に取り組みながら、特性への対応を考える機会を設けることが大切なのです。

┃「やってあげる」だけの支援とケアマネジメント視点の支援の違い

ADHDの衝動性・不注意の特性による生活のしづらさ

部屋の片付けができない

ここを誰かが「やってあげる」だけでは、本人の生活のしづらさは変わらない

これを踏まえたうえで、自分で考え、セルフマネジメントできるように支援するのが、ケアマネジメントの視点

問題解決に役立つ プロの技

- ☐ 目の前の問題解決にとどまるのではなく、本人が自分のADHDの特性について知る機会にする
- ☐ どのように対応していくのか、対策を一緒に考え、現状での目標・タスクを設定する

行動を細分化 ▷ やろうと思ってもやれない行動の共有 ▷ 実施 ▷ 一緒に評価

プロの技① 行動を細分化し、計画を立てる

　まずはQさんが普段どのように片付けをしているのか、その行動のプロセスを細かく確認しましょう。つまり、行動を細分化することで、行動のどの段階で、どのような難しさがあるのかが明らかになります。当然ながら、環境や生活スタイルなどによりプロセスや難しさを感じる点は異なります。

　たとえば食器洗浄機を使える環境と、そうでない環境では、同じ食器を洗うという行動でもプロセスは変わります。また、人によっては、食器を洗うことは難しいけれども、洗った食器を片付けるのは問題ないという人もいます。

▎行動の細分化

Qさんの「本の片付け」の場合	❶ 本を手に取る ❷ 本の種類、大きさを確認する ❸ 本棚のスペースを確認する ❹ 本の大きさとスペースが合うかを確認する ❺ 本棚に本を入れる	Qさんは、❸の段階で本棚の別の本に気をとられてしまい、片付けを続行できないことが多い

　次に、それをクリアするための方法を一緒に計画します。計画がうまくいかなくても、難しさを感じたポイントについて再度一緒に考え、次の行動に結びつける。これが重要です。一つひとつクリアしていくことで、生活のしづらさが少しずつ解消されていくでしょう。

「本の片づけ」の 「本棚の別の本に 気をとられる」難 しさへの対策例	対策その❶	本を買ったとき番号を付けておき、その順に並べて片づける ようにする（本棚を見て並べるのではなく、番号で並べる）
	対策その❷	ほかの本が見えないような布を本棚にかけておく
	対策その❸	その本を入れる場所はあらかじめ決めておく

✋プロの技② やろうと思ってもやれない行動を共有する

　ADHDの障害特性上、「自分にもできるだろう」と考えられる行動であっても、ほかのことに注意が向いてしまったり、順序立てて実行するのが難しかったりしてできないことがあります。また、本人が「すべて完璧にやらなければいけない」と考えているために途中で挫折してしまうことも少なくありません。

　したがって、本人が「やろうと思ってもやれない行動」が何かを一緒に明らかにしていきましょう。このとき、「やれない行動」を箇条書きにしてリスト化すると、共有しやすくなります。

　また可視化することで、コントロールがうまくいかない行動を本人自身が把握することにもつながります。「やれない行動」が把握できると、**プロの技①** で明らかにした行動を計画したり、実施したりする際にも、実行しやすい行動から取り組むことができます。

▌やれないことをリスト化しておく

> Qさんのやろうと思ってもやれないリスト
>
> ・本を一人で片付ける
>
> ・生ゴミをまとめる
>
> ・45分以上じっと座っている

プロの技を
会話例で理解する

プロの技① **行動を細分化し、計画を立てる**
プロの技② **やろうと思ってもやれない行動を共有する**

 もしよろしければ、いつもどのように片付けをしているか教えていただけますか？ 🖐プロの技①

 まず生ゴミをまとめるようにはしているのですが、ほかに捨てたい物が目につくと、生ゴミを捨て忘れちゃうんです。

 そちらに注意が向いてしまうということですかね。

 そうです。そのうちだんだんゴミが溜まって、整理しようにもできなくて。一人で片付けをするのは難しいと感じています。

 わかりました。Qさんがやろうと思っても難しいと感じていることとして、「一人での片付け」があるのですね。ご自身が難しいと感じる行動を共有するのはすごく大切なことなので、ノートなどに書いておくのはいかがでしょう。 🖐プロの技②

 わかりました。この手帳に書いておきます。

 お願いします。ほかにはどうでしょう。

 長い時間、集中して片付けができません。

 具体的には、どの程度の時間ですか。

 30分が限界です。今、思いつくのは、そのあたりかな。

 なるほど。30分が限界ということですね。わかりました。また、思い出したらメモに書いておいて、教えてもらえればと思います。ここ

までの話を整理すると、困りごとをまとめると、片付けをやろうとしても、ほかのものに注意が向き、一人での片付けや30分以上の集中が難しいということでよろしいでしょうか。

 はい、そうですね。

 それらを踏まえ、ご両親が受けていたヘルパーを活用してもよいかと感じていますが、いかがでしょうか？

 ヘルパーさんが片付けてくれるのですか。

 ヘルパー主導の片付けもできるのですが、Qさんの場合、ADHDの特性から注意が片付けに向かないことがあるのかなと感じています。なので、片付けをヘルパーが一方的にやるというよりも、Qさんと一緒にやるほうが、その特性とのお付き合いの仕方もみえてくるのではないかと考えています。ヘルパーさんに任せっきりだと、一人のときに困った状況が生じてくるかなと思いますし……。いかがでしょう。

👉 **プロの技①**

 たしかにそうですね。では、ヘルパーさんと一緒に取り組む方向でお願いします。

▰ **対応後の変化**

- いつもの片付け行動を細分化し、どの段階に難しさがあるのかが共有できた
- 一人のときにも困らないように、ヘルパー任せで「片付けてもらう」のではなく、一緒に課題や対策を考え、実行していけるよう動機づけを行った

<ruby>3<rt>ケース</rt></ruby> 広汎性発達障害の介護疲れ
高齢者虐待（疑い）

困難ポイント

虐待の兆候があるものの、確証は得られず、本人自身も否定している。

Lさん（72歳・女性）広汎性発達障害、要介護2

事例の概要

- 20年前に広汎性発達障害と診断を受ける。

- 2年前に夫が他界し、娘（38歳）と二人暮らし。現在は週2回、訪問介護を受けている。

- Lさんは、広汎性発達障害の二次障害と考えられる強迫観念（自分でもバカバカしいと思いながらも、そのことが頭に浮かんできて払拭できない考え）があり、頻繁に「電気は消えているかしら」「ガスは止まっているかしら」と娘に確認することがある。

- 娘は週2回、日中アルバイトに行っているが、それ以外は自宅で過ごしている。

現在の対応

□ 娘も精神疾患に罹患しているという情報があるものの、診断名は情報収集できず不明。

□ Lさんは、娘がアルバイトに出かけているときも頻繁に電話で「電気を消しているかしら」「ガスは止まっているかしら」と確認することがあった。

□ 娘がLさんに対して「もう何回、確認するのよ！　いい加減にして」と大声で叱っているところを、近隣の人が何度か見かけたことがある。

□ モニタリングの訪問時に、ケアマネジャーはLさんの腕に青あざを確認した。「何かあったんですか」と確認すると、Lさんは「何もないです。ちょっと転んだだけ」と慌てたように隠した。

□ ヘルパーからは、「この1か月ほど、Lさんの表情に活気がないことが多い」「洗濯物の量から、毎日着替えをしていないことがうかがえる」という情報があった。

問題解決に役立つ
アセスメントの視点

①虐待の背景に目を向ける

　驚かれるかもしれませんが、虐待を「虐待」と思いながらしている人は、ほとんどいません。 周りの人から見れば明らかな虐待であっても、当の本人は「なんとかしたいけれども、どう対応したらいいかわからない」という状況にあり、虐待に至ることが多いのです。

　そのときの養護者（家族介護者のこと。以下、本項では「養護者」）は身体的・精神的に限界に達して感情の抑制がきかなくなっていることが多いです。

　虐待行動の背景に目を向けることによって、養護者の苦悩は浮かび上がってきます。そこを理解を示したうえで、支援を組み立てる必要があります。

②一事業所で抱え込まず、地域包括支援センターや市区町村と連携を

　虐待に該当する、もしくは虐待を推測できる状況が存在する場合、「そこまでひどくはなさそうだし、様子をみよう」「通報したら大ごとになり、利用者が混乱するかもしれない」などと考え、個人や事業所内で情報を止めるのはやめましょう。

　確信がなかったとしても、虐待が推測される場合、通報義務が生じます。Lさんの場合も、娘のどなり声や青あざがあったことから、通報すべきケースと考えられます。

　養護者が一人で抱え込み、状況がさらに深刻化する前の早い段階で各方面からかかわり、必要な支援につなぐのは重要なケアマネジャーの責務です。青あざなどの被害状況や発生状況は時間とともに消滅して事実確認できなくなってしまうため、タイムリーに行う必要もあります。

　市区町村の高齢福祉課や地域包括支援センターが高齢者虐待の相談窓口になっています。事前にインターネットなどで調べておくと、迅速に動くことができるでしょう。

※虐待に関する情報提供は個人情報保護法に定められる「第三者提供制限」の例外事項と解釈することができ、本人の
　同意は必ずしも必要ない。（高齢者虐待防止法第7条第3項）

引用・参考文献：
・厚生労働省：高齢者虐待防止の基本
https://www.mhlw.go.jp/file/06-Seisakujouhou-12300000-Roukenkyoku/1.pdf
・福島敏之『ケアマネ・相談援助職必携　現場で役立つ！　社会保障制度活用ガイド2020年版』、中央法規出版、2020年

5
ケース3｜広汎性発達障害の介護疲れ×高齢者虐待（疑い）

問題解決に役立つ
プロの技

□ 虐待の存在を察知したら、養護者の苦悩を聞き、行動の背景に理解を示すところから始める
□ 虐待に及んでしまう行為を回避した経験を振り返り、その強化を行う
□ 一緒に最悪の状況を想定し、関係機関との協働関係を築くよう設定する

| 家族の困りごとを明確化 | ▶ | 困難を乗り越える対応を明確化 | ▶ | 最悪な状況を一緒に考える | ▶ | 最悪な状況を回避するための対応 |

☞ プロの技① 養護者の本音を引き出しながら状況を確認する

　まず、虐待が疑われる状況があれば、決してそのままにせず、迅速かつしっかりと事実を確認しましょう。被虐待者自身が虐待を否定している場合や、言いよどんでいる様子がうかがえる場合には、虐待の疑いがある養護者にも事実を確認します。

　養護者とのやりとりでは、虐待というキーワードを前面に出すのではなく、まず、**現在困っていることや介護の悩みなどを話題にしましょう**。養護者から、「言うことを聞いてくれなくて……つい、きつい言い方になってしまうんです」というような本音の話を聞くことができるからです。

　養護者の本音を引き出し、受け取りつつ、具体的にどのようなことがあったのか、そこに虐待に該当する行動が存在するのか、ケアマネジャーは冷静に確認していきましょう。

▌養護者の悩みや苦悩を聞き出すところから事実確認を始める

⚙プロの技② 虐待を制御できる方法を一緒に考える

　虐待に該当する行動が存在していたとしても、すぐに「それは虐待です！」と突きつけるのはやめておきましょう。この時点でその事実に直面させても、養護者を追い詰めるだけになります。

　次にケアマネジャーができるのは、養護者がしてしまう虐待行動を制御できる方法を一緒に考えることです。

　制御方法を考えるといっても、新たな対処行動を考えたり、アドバイスしたりするのではありません。すでに養護者が行ってきた経験済みの制御方法を振り返り、共有することがポイントです。つまり、養護者がこれまで「虐待しそうになったけれども、踏みとどまった経験」を確認し、「そのとき何をしたのか」という具体的な行動を意識化してもらうのです。

　たとえば、以下のような「別室に行く」「散歩に行き母と距離を置く」といった簡単なことで構いません。瞬発的な怒りは、その場にとどまり続けると持続しますが、離れると数分後には静まります。そのワンクッションをはさむことがポイントです。

　これらの制御方法をケアマネジャーも理解しておき、一緒に評価することで、虐待を制御できる行動を強化することができます。

▌虐待行為を制御した方法の例

母を叩きそうになったが……

- 別室でクールダウンし、感情の高ぶりを抑えた
- 一定時間散歩に行き、母と距離をとった
- 友人に愚痴を聞いてもらった
- 日記にイライラした感情を書き出した
- リラックスできる時間をもつようにした

5

ケース3 ── 広汎性発達障害の介護疲れ×高齢者虐待（疑い）

プロの技③ 養護者と協働関係を築き、虐待対応機関と連携する

プロの技①・② を使い、具体的な虐待回避のための行動が明確にできたら、あえて養護者の前で"虐待"という言葉を使います。

なぜ、あえてこの言葉を使うのか。それは、「最悪を想定したリスクマネジメントを一緒に考えたい」というスタンスを示すためです。つまり、養護者と協働してこの問題を解決していきたいという宣言です。何度も述べているように養護者も苦しんでいます。だから孤立させない。そのためには、その苦しさを表出できる支援者が必要です。今、起こっている現状は虐待に発展する、あるいはすでに危険領域に足を踏み入れている。協働関係を築くには、そういった共通認識が必要になります。

それと同時に、高齢者虐待の対応機関（市区町村、地域生活支援センターなど）と情報共有することも伝えましょう。

養護者にそのような同意をとると、その後の事実確認に支障をきたすのではないかと思われるかもしれません。もちろん、そのリスクはあります。しかし、何度も述べているように養護者の苦悩を起点とするのです。その苦悩に理解を示しながら、関係機関とも協働関係を築き、養護者が孤立せず、SOS が出せるように対応していきましょう。

▌養護者の苦悩に理解を示しつつ虐待のリスク回避・早期支援の手段として他機関連携（通報）を提案する方法の例

こんなにがんばっているのに……イライラが虐待と受け取られてしまうリスクを避けたいです。

もっと追い詰められてしまわないよう、より厚い支援を受けていただくために、他の機関に連絡をしてみたいのです。

✋プロの技④ 養護者を支える視点で再アセスメントし、支援サービスを増やすことを検討する

　精神疾患を抱える利用者本人の病状が、よくなったり悪くなったりを繰り返して不安定な場合、家族は振り回されてしまいます。対応する負担は大きくなり、身体的・精神的に限界に達しやすくなります。養護者の余裕がなくなると、当然ながらイライラすることも増え、虐待行動は加速することもあります。

　そのため、現在の支援サービスが充足しているかどうか、養護者の負担を軽減する視点で再検討しましょう。

　Ｌさんの場合、訪問介護以外に、精神科訪問看護や通所サービス（デイケア、デイサービスなど）、緊急ショートステイの一時避難など、他に活用できそうな支援サービスがあります。

　また、介入する専門職を増やすことは、単に利用者の病状の悪化を防いだり、養護者の負担を減らしたりするだけではなく、利用者や養護者が相談できる機会を増やすことにもなるのです。１人の相談相手よりも、２人、３人と多いほうが心強いというもの。相談内容によって、誰に相談するのかも選択できるようになります。

　もしかすると、精神疾患をもつＬさんの娘にとっては、自らが支援を受けることを考えるきっかけになるかもしれません。

　これらのことを考えると、支援の見直しを行い、かかわる人を増やすアプローチは、養護者にとって大きな支えになるでしょう。

▌利用者が相談できる機会を増やす

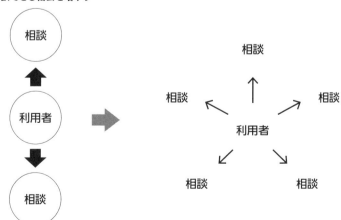

プロの技を会話例で理解する

L さんの了承を得て、娘と接する機会をもった

 L さんが最近頻繁に確認行為をされるようですが、娘さん、困っていることはありませんか。 プロの技① 困っていること、悩みを聞く

 はい。実はもう、毎日、毎日、同じことばかり確認してきて……本当にうんざりなんです。この間、夜中に「電気が消えているか確認して」と起こしにきて……もう限界で……母の腕を叩いてしまったんです。だめだとはわかっているのですが……。

 そんなことがあったんですね。たしかに夜中だと娘さんの気持ちも限界になりますよね。これまでも手が出そうになったことはありましたか。

 ありますね。何とかこらえていますけど……。

 何とかこらえられたんですね。**どうされたのか教えていただけますか。**
プロの技② 今やっている制御方法を聞く

 母に、「イライラしているから今は話しかけないで」と伝えて、自分の部屋に行くようにしています。そうすると 10 分ほどで、気持ちが落ち着いてくるので……。

 お母さんに気持ちを伝えてから自室に行くことで、落ち着かれているのですね。**叩いたり限界を超えたりする手前で、意識的に同じ対処をしてみることは可能ですか。** プロの技② 制御方法の強化

母に、短時間に4〜5回確認されると限界なので、3回目ぐらいでそうすることはできるかも。

 つらいなか、努力されてきたんですね。娘さんの気持ちが聞けたので、**少しシビアなお話をさせていただいてもよろしいでしょうか。**

 何でしょう。

 娘さんのそうしたいっぱいいっぱいな気持ちが、暴言や暴力、介護放棄という形で現れると、最悪、虐待ととらえられることがあるんです。

🤟 プロの技③　あえて「虐待」という言葉を使う

 そうなんですか……。

 はい。そういう、娘さんとLさんの両者にとって最悪な状況を避けたいのです。そのために、地域包括支援センターや行政機関とも連携をとりながら、虐待にならないよう予防していきたいのですが、いかがでしょう。　🤟 プロの技④　支援サービスを増やす

 そうですね。私も母を叩きたくない。仲よく暮らしていきたいです。お願いします。

※その後、ほかの支援サービスも紹介する。

▐ 対応後の変化

- **養護者の本音に寄り添いながら、虐待行為の事実確認をすることができた**
- **これまでに養護者が虐待を回避した対処を引き出し、今後の回避行動の道筋をつけた**
- **最悪の事態を想定して、その回避のためにする他機関との連携の了承が得られた**

6 認知症

絶対押さえておくべき症状

記憶障害

特に短期記憶の保持が難しくなり、体験そのものの記憶が失われる。長期記憶は比較的に保たれやすいが、次第にその想起も難しくなる。

認知機能障害

単なる記憶や見当識の障害ではなく、「複雑性注意力」「実行機能」「学習と記憶」「言語」「視覚と運動」「社会的認知」の6つの領域が障害される。

BPSD

BPSDの臨床症状は、記憶と認知の障害により二次的に引き起こされる不安や抑うつ、妄想、徘徊、無気力などといった行動や心理症状を指す。

＊BPSDは、Behavioral and Psychological Symptoms of Dementia の略。

主な症状

記憶・認知・判断が低下

　加齢による物忘れは、体験の一部を忘れるのに対して、認知症による記憶障害は体験そのものを忘れるという違いがあります。

代表的な中核症状

もの忘れ（記憶障害）	数分前、数時間前の出来事を忘れることがあり、同じことを何度も確認することがある。
時間、場所がわからなくなる	日付や曜日がわからなくなる。近所の道であっても迷うことがある。
理解力・判断力が低下	状況や相手の説明が理解できなくなる。
身の回りのことができなくなる	食べこぼしが増える。身だしなみを構わなくなる。掃除や洗濯ができなくなる。

長期記憶

①**「意味記憶」から変化**：特定の場所や時間に関係せず、物事の意味を表わす一般的な知識・情報についての記憶。

　　例：お金の計算が難しくなる、字が読めなくなる、家がどこかわからなくなる

②**次に出来事に関する「エピソード記憶」が変化**：新しい出来事から徐々に昔に遡っていく。

　　例：さっきの朝ごはんを食べたことを忘れる

③**比較的に残るのは「手続き記憶」**：技能や手続き、ノウハウ（手続き的知識）を保持するもの。

　　例：料理をする、自転車に乗る、ブラインドタッチ、楽器の弾き方

④**最後まで残るのは「感情記憶」**

　　よい感情も悪い感情も残るのだが、特に嫌だった感情と、その出来事が結びついて記憶として残りやすい。

　　例：無理に入浴。嫌な感情と入浴が結びつき、入浴拒否になる

　　＊感情記憶は他の記憶とも結びつく。手続き記憶と感情記憶に働きかけて他の記憶を取り戻す。

　　例：「初めて自転車に乗ったときの嬉しさ」

　　　　　自転車に乗ることは「手続き記憶」、嬉しさは「感情記憶」

主な治療

薬物療法

一般名(商品名)	主な副作用	アルツハイマー型認知症の適応症	特徴・留意点
ドネペジル(アリセプト)	食欲不振、嘔気、嘔吐、下痢など	軽度から高度	消化器系の副作用が、投与初期に現れることが多い。錠剤、口腔内崩壊錠、細粒剤、ゼリー剤
メマンチン(メマリー)	めまい、便秘、体重減少、頭痛など	軽度および高度	投与初期に体重減少、頭痛の副作用は現れやすい。錠剤、他剤併用可能
ガランタミン(レミニール)	悪心、嘔吐、食欲不振、下痢、食欲減退、頭痛など	軽度および中等度	肝・腎排泄型の薬剤のため、重度の腎障害患者では、治療上やむを得ないと判断される場合を除き、使用は避けられている。錠剤、口腔内崩壊錠、経口液剤
リバスチグミン(イクセロン、リバスタッチ)	適用部位紅斑、適用部位掻痒感、接触性皮膚炎、適用部位浮腫、嘔吐、悪心、食欲減退、適用部位皮膚剥脱など	軽度および中等度	はがし忘れに注意が必要。貼りっぱなしは皮膚トラブルにつながる。皮膚トラブル予防には保湿剤が有効。パッチ剤

＊参考文献：武藤教志（著）：他科に誇れる精神科看護の専門技術 メンタルステータスイグザミネーション Vol.2, 精神看護出版

パーソンセンタードケア

　パーソンセンタードケアとは、認知症をもつ人を「何もわからない人」「何もできない人」と決めつけるのではなく、一人の人として尊重する認知症ケアの一つです。その人の立場に立って状況を理解するためには、認知症の原因だけではなく、性格傾向、生活歴、健康状態、感覚機能、その人を取り囲む社会心理の相互作用を理解していくといった考えのもと、ケアが展開されていきます。

ユマニチュード

　ユマニチュードとは、専門職が「すべてやってあげる」のではなく、本人がもっている能力をできる限り使ってもらうための工夫を実践的に重ねられた認知症ケアになります。ケア技術の四つの柱には「見る」「話す」「触れる」「立つ」があり、そのケアは「出会いの準備」「ケアの準備」「知覚の凍結」「感情の固定」「再開の約束」の五つのステップを踏み展開していきます。

カンフォータブル・ケア

　カンフォータブル・ケアは「快の刺激」に着目したケア技術です。英語で、「心地よいこと、快刺激」と訳されます。すなわちカンフォータブル・ケアとは認知症の人が心地よいと感じる刺激を提供することで、気持ちが落ち着いて、穏やかな反応を引き出す技術です。その基本テクニックは「常に笑顔で対応する」「常に敬語を使う」「相手をほめる」「こちらから謝る態度をみせる」「不快なことは素早く終わらせる」「演じる要素をもつ」「気持ちに余裕をもつ」「関心を向ける」があります。副次的効果として、支援者が、これらを実践することにより拒否されたり、暴力をふるわれたりすることがなくなり、本人との相互関係を良好に保てるともいわれています。

6

認知症

ケース 1 軽度認知障害(MCI)の過去の記憶 服薬拒否・自己中断

困難ポイント

定期的な服薬や受診に至らず、身体不調を引き起こしている。

事例の概要

- 軽度認知障害(Mild Cognitive Impairment。以下「MCI」)、喘息、高血圧がある。

- 夫は2年前に他界し、現在は一人暮らし。娘は、結婚し遠方に転居したが、1か月に1回はFさんの様子を確認するために帰ってくる。

- 現在の認知機能は、改訂長谷川式簡易知能評価スケール20点(認知症の疑い)。認知症薬は処方されていない。

- Fさん自身、「最近はもの忘れがひどくなった」と話し、たびたび物を置いた場所を忘れる。

Fさん(80歳・女性) MCI、要支援1

現在の対応

☐ 喘息を予防する気管支拡張薬と血圧を下げる降圧薬が処方されている。定期的に服用が必要な薬だが、不調がなければ服用せず、受診も拒否。

☐ Fさんは、「健康だから薬は必要ない。具合が悪いときは、ちゃんと飲む。薬がいっぱい余っているから、病院に行く必要もない」と話す。

☐ 週1回の訪問介護では主に掃除を行っているが、服薬の自己中断があるため、ヘルパー

がカレンダーにセットした残薬を確認している。服用している日もあるが、処方どおりの服用には至っていない。

☐ ヘルパーが服薬を促すと、「飲んだらいいんでしょ! 医者に怒られるのは嫌だから飲みますよ」と強い口調で話す。

☐ 服薬しない理由を尋ねると、「薬ばかり飲んでいた母の姿を思い出すから、飲みたくない」と話す。

問題解決に役立つ
アセスメントの視点

①認知機能障害による日常生活への影響

認知機能障害には、複雑性注意力の障害、実行機能の障害、学習と記憶の障害、言語の障害、知覚と運動の障害、社会的認知の障害があります。☞**認知症の疾患解説**

そのなかでもFさんに強く見られるのは、以下に説明する「複雑性注意力」「実行機能」の障害です。

❶複雑性注意力の障害

周囲のさまざまな刺激や情報に対して、不要なものを無視したり、必要なものだけに集中したりすることが困難な状態になります。

❷実行機能の障害

実行機能とは、目標に向かって、計画を立案し修正しながら、完遂させる能力です。この機能が低下すると、いくつもの選択肢があったり、手順が何段階も必要となる作業を遂行することが難しくなります。

【❶❷参考文献】武藤教志『他科に誇れる精神科看護の専門技術　メンタルステータスイグザミネーション Vol.1』精神看護出版、2017 年

▮複雑性注意力の障害例

- 外出先での食事中、周囲の物音や動きなどに反応し、キョロキョロと落ち着きがなくなる
- 友人と会話をしながら買い物をするのが難しい

▮実行機能の障害例

- 手の込んだ料理を作る、食べるものを選ぶ、着る服を決めるなどが難しい

②利用者の主体的な支援の組み立て

Fさんには医師が処方した薬がありますが、自己中断し、通院もしていません。身体に不調が現れないよう服薬するという予防医療の視点に立てば、「リスクの高い行動」といわざるを得ません。

本来は、利用者が主体的に自己の服薬に取り組むためのサポートを組み立てます（☞**第2部-1-ケース4「プロの技」(p.44〜p.47) 参照**）が、そもそも薬を自分で管理できるかどうかを見極めるためには、認知機能障害のアセスメントも重要です。

たとえば、複雑性注意力や実行機能に着目し、普段の薬の管理方法や服用方法を確認します。そのときに確認させてもらうのが当たり前という態度で接するのではなく、丁寧に理由を伝えましょう。

```
         ┌─── 両方をアセスメントして統合 ───┐

  本来の性格やこれまでの        認知機能の低下による判断力      ➡   服薬拒否や
  生活で培われた考え方    ＋     や自己洞察のレベル低下              自己中断
```

6

ケース1 ── 軽度認知障害（MCI）の過去の記憶×服薬拒否・自己中断

問題解決に役立つ
プロの技

□ **本人の思いを丁寧に確認し、背景にある「心理的な障壁」を明らかにする**

本人の思いを 具体化	心配を明確化	解消する方法を 検討	解消方法の 実施・評価

🫵 プロの技① 「服薬したくない」理由を具体的に確認する

　Fさんは、服薬拒否の理由を「薬ばかり飲んでいた母の姿が思い出され、飲みたくない」と話しています。それを聞いた支援者は、「過去にお母さんが薬で何か大変なことがあったんだろうな……」という想像だけで何となく「そうなんですね」と納得してしまいがちです。

　しかし、Fさんのトラウマとなった母の姿と、支援者が想像している母の姿とは、本当に一致しているのでしょうか。そこが曖昧なまま対話を進めると、拒否する理由の本質がわからず、「飲む」「飲まない」の押し問答になってしまいます。

　まずは、**Fさんの服薬したくない原因である、「薬ばかり飲んでいた母の姿」を具体的に共有**しましょう。

▌薬ばかり飲んでいた母の姿

服薬拒否の理由の本質を見誤ると、その後のケアの方向性がすべておかしくなる

プロの技② 本人は感じている「服薬によるデメリット」も一緒に検討する

　Fさんは、「身体の具合が悪いとき」、必要に応じて内服するという意思を表出しています。つまり、Fさんはまったく内服していないのではありません。薬が症状を緩和・改善してくれるというメリットは認識しているということです。

　しかし、Fさんは周りから内服や受診に関するメリットばかり聞かされているため、今回も先にメリットの話題から始めると、「よいことだけを言うように仕向けられているのでは……」と、不信感を覚えます。

　そこで、Fさんが内服したときの状況を話題にし、Fさんの感じている内服のデメリットについて話をすることで、**本人の視点から一緒に考えているというスタンスを表明する**ことができるのです。

プロの技③ 「受診したくない」という思いの背景を共有する

　Fさんは、「薬がいっぱい余っているから通院は必要ない」と話していますが、受診しない理由は本当にそれだけなのでしょうか？

　ヘルパーが薬を促したとき、「医者に怒られるのは嫌だから飲みますよ」という発言がありました。この発言に注意深く目を向けると、受診時に「怒られる」という経験をしているらしいことが、病院への受診を拒む原因の可能性があります。

　利用者の表出している思いとは違う真意が隠れていないか思いをめぐらせ、一歩踏み込んで本人に確認しましょう。

▌表出している思いの背景に着目する

プロの技を会話例で理解する

- **プロの技①** 「服薬したくない」理由を具体的に確認する
- **プロの技②** 本人は感じている「服薬によるデメリット」も一緒に検討する
- **プロの技③** 「受診したくない」という思いの背景を共有する

訪問時、服薬と受診についての話をすることになった

 Fさんは、お母さんのどのような姿を思い出してしまうのですか？
プロの技①　理由を具体化

 母は何かあると安易に薬に頼る人でね。私はそうなりたくないの。

 服用を続けると薬に依存してしまうのではないかという心配があるんですね。**プロの技②　デメリットと感じていることを確認**

 そうなのよ。

 今、飲んでいる薬の説明は受けましたか？

 薬剤師さんから受けたけど覚えてないわ。薬で身体が楽になるのはわかってるんだけど。

 薬剤情報で一緒に確認しましょうか。

薬剤情報にて作用・副作用を確認。吸引・内服薬は喘息発作を予防することを確認。

 薬を飲むと楽になるが、普段は頼りたくない……つまり、**精神的な依存が出るのではという心配が強いということですか。****プロの技②**

 薬が手放せなくなるのが心配なの。

 それを先生に伝えたことはありますか？

「飲まないと知りませんよ！」って頭ごなしに怒られたの。怖くて話はできないわ……。

頭ごなしに怒られてしまったのですね。それは萎縮してしまいますね。 ✌️**プロの技③ 背景を明確化** ちなみに、これまでFさんの思いが先生にうまく伝わった経験ってありますか？

そういえば、1回だけ、先生に伝えることをメモに書いて持っていったら大丈夫だったな。

その方法を試してみるのはいかがでしょう。

そうね。本当は病院には行きたくないけど、しんどくなるのは嫌だしね……。

※Fさんの思いを記載したメモを持参して受診。主治医より精神的依存性がある薬ではないこと、症状が軽快すれば薬を減らしていけるとの説明があり、Fさんも定期的な服薬の意思を示した。医師は朝食後1日1回のみに薬剤調整をしたが、それでも3日に1回程度の飲み忘れがあった。

▶ **対応後の変化**

- **服薬拒否の背景から根底にある思いを共有できた**
- **医師とのコミュニケーションが成功した経験を振り返り、懸念を伝えることができた**

2 <ruby>ケース<rt></rt></ruby> 認知症の短期記憶保持困難
過剰な支援を求める家族

困難ポイント

家族から過剰な支援サービスの導入を求められている。

Rさん（75歳・女性）アルツハイマー型認知症、要介護2

事例の概要

- 長男夫婦と同居。

- 半年ほど前から物忘れが多くなり、検査のために受診したところ、アルツハイマー型認知症と診断された。

- 主な症状として、「何度も時間を確認する」「食事をしたことを忘れる」といった記憶障害がある。家族が説明すると納得するが、同じことを数回確認する日もあった。

- こうした状況から長男が地域包括支援センターに相談し、介護保険を申請。週2回のデイサービスと、訪問介護を利用することになった。

現在の対応

☐ 長男からは、「母は認知症になって何もできなくなったので、もっと支援が必要だと思います。私たちも本を見て勉強したのですが、認知リハビリテーションや食事療法、運動療法などが有効だと書かれていました。そうした支援を探してほしい」との要望があった。

☐ ケアマネジャーが「急に支援を入れると、ご本人も混乱すると思います。デイサービスと訪問介護に慣れてから考えていきましょう」と伝えたところ、長男が「認知症は進行性の病気なんですよ。悠長なことを言っていないで、それを止めるための手段を探すのがあなたの仕事でしょう！」と激怒された。

☐ 長男の豹変ぶりに圧倒されたケアマネジャーは、「最善を尽くします」と言い、その場を後にした。

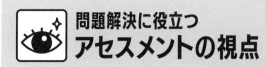

問題解決に役立つ
アセスメントの視点

①長期記憶と短期記憶の障害—認知症の進行による影響を押さえる

　認知症を発症すると、まずは短期記憶が障害され、次に長期記憶が障害されます。
☞認知症の疾患解説を参照（p.154）

　だからRさんの症状も、短期記憶は障害されていますが、長期記憶が保持されていることは十分にあり得ます。

②家族が「認知症のとらえ方」「認知症の人へのかかわり」をどうとらえているかを明らかにする

　本ケースの場合、長男の言動から「認知症＝何もできない人」といったイメージをもっていることが考えられます。しかし、実際には、認知症になったからといって、即座に何もできなくなるわけではありません。むしろ、それまで普通に接していた家族が過剰に保護するようなかかわり方をすると、本人の自尊心を傷つけることになります。そのため、認知症の人に対するかかわり方を伝えることが必要になってくるのですが、いきなりケアマネジャーから情報を提供しても聞き入れてもらえないこともあります。この場面でまずやるべきことは、家族が直面している困りごとを明らかにすることです。

③家族が直面している困りごとを明らかにする

　Rさんの長男に対するケアマネジャーの発言からは、「こういう支援を組み立てるほうがRさんにとってはよりよい」という思いが読み取れます。

　その思いがケアマネジャーの見立てと一致していれば問題ありませんが、本ケースのように相反するときには、当然家族からの反発もあるでしょう。この後の対応次第では、「このケアマネジャーとは合わない」という印象を与え、家族との溝を深めかねません。

　そこで、まずは「今、家族がどのような困りごとに直面しているのか」を詳細に聞き取り、そこから課題を抽出していきましょう。

今、Rさんにはどのような支援がよりよいのか？

優先順位①

今、家族がどのような困りごとに直面しているのか？

6

ケース2 ― 認知症の短期記憶保持困難×過剰な支援を求める家族

問題解決に役立つ プロの技

- □ 家族の思いから「困りごと」「対処」「背景」を明確化する
- □ その背景に寄り添いつつ、背景の「変えられるもの」から課題を明確にする
- □ 課題に応じた支援の情報共有を行う

家族の認識を確認 ➔ 大変な背景に理解を示す ➔ 情報共有 ➔ どう対応すればいいのかを一緒に検討

プロの技① 家族へヒアリングをし、「困りごと」「対処」「背景」を明らかにする

アセスメントの視点 で説明したように、まずは家族の思いを聞くところから始めます。

家族の話では、「困りごと」は明らかになっていることが多いのですが、「困りごとを解消するための家族の反応（対処）」や「なぜその対処に至ったのか（背景）」が曖昧であることが多いです。

まず、ケアマネジャーは、困りごとを起点にこれらを明らかにしていきます。

▌家族へのヒアリングで明らかにすべきこと

明らかにすべきこと	内容	Rさんの家族の例
①困りごと	家族がどのような困りごとに直面しているのか	同じことを何度も説明しなくてはならない
②対処	困りごとを解消するための家族の反応	認知リハビリテーションの導入を検討
③背景	なぜ、その対処に至ったのか	・自分たちではどう対応してよいかわからない ・きつく当たってしまうので、顔を合わせたくない

🤚プロの技② 家族の困りごとの背景に理解を示す

プロの技① で明らかになった家族の困りごとを起点に、家族と一緒に課題を抽出することで、ケアマネジャーが一方的に説明するよりも認識のズレが生じにくくなります。

その過程では、「対応方法がわからず困惑しているのではないでしょうか」といった直接的な表現は避けましょう。

具体的には、**プロの技①** で明らかになった「③背景」に理解を示す言葉かけを意識するとよいでしょう。それが **プロの技③** への布石になります。

▌困りごとの背景に理解を示す

✕ 避けたほうがよい聞き方の例	〇 背景に理解を示す聞き方の例
「対応方法がわからず、困惑しているのではないでしょうか」 →直接的すぎて、家族が困惑してしまうことが多い	「何度も同じことを聞かれると、この対応で大丈夫なのかと不安になりますね」 「顔を合わせると、ついイラッとして、きつい言葉が出てしまうのですね」

🤚プロの技③ 「背景」から家族の抱える課題を明らかにする

プロの技① で明らかにした三つの項目をもとに、家族が抱える課題を抽出します。

具体的には「③背景」に注目し、「変えることのできる背景」「変えることのできない背景」があることがわかります。それらを区別し、家族と一緒に整理していきましょう。

そして、**変えることのできる背景のなかから、今後家族が取り組むべき「課題」を明らかにするのです。**

▌変えることのできる背景から課題を抽出

困りごと

対処　　　　背景

変えることのできる背景
自分たちではどう対応してよいかわからない。
↓課題を抽出
対応方法がわからず、困惑する。

変えることのできない背景
きつく当たってしまうので、顔を合わせたくない。

プロの技を
会話例で理解する

プロの技① 家族へヒアリングをし、「困りごと」「対処」「背景」を明らかにする
プロの技② 家族の困りごとの背景に理解を示す
プロの技③ 「背景」から家族の抱える課題を明らかにする

 先日話した支援の導入は考えていただけましたでしょうか。

 それについて、もう少しご長男のお話を聞かせていただきたいのですが、**ご長男としては、Rさんの認知症の影響で、何か困っていらっしゃることはありませんか？** プロの技① 困りごとを確認

 食後に「食事をしたか」って何度も聞いてくるんですよ 困りごと 。自分たちでどう対応してよいかわからず…… 背景 。なので、本で読んだ認知リハビリテーションを試せないかと 対処 。

 なるほど。ちなみに、**ご長男の認知症のイメージを教えていただいてもよろしいでしょうか。** 家族の認知症のとらえ方を明確化

 物忘れがひどくなって、何もできなくなるんでしょう。

 （うなずきながら）ちなみに診断されるまでは、Rさんとどうかかわっていましたか。

 うーん。物忘れが少し増えたなとは思いつつも、以前と同じようにかかわっていましたね。

 ご長男がおっしゃるように、認知症と診断されてはいますが、いきなり物忘れがひどくなって突然すべて忘れてしまうという病気ではないんですよね。ちなみに、Rさんが確認にこられたときにご長男はどう対応をされていますか。

 確認に来るたびに説明はするのですが、早いときには20分ほどで同

じことを聞いてくるので、イラっとすることもありますね。

 20 分ほどで同じことを聞かれると、ややうんざりしますね。
✌️**プロの技② 困りごとの背景に理解を示す**

 はい……どうすればよいのかわからんのですよ。

 （うなずく）**現在、ご長男は R さんから何度も同じことを聞かれたときにどう対応すればよいかわからず、大変だと感じているという理解で大丈夫ですか。** ✌️**プロの技③ 課題を共有**

 はい、そのとおりです。

 ありがとうございます。ところで、「短期記憶」「長期記憶」という言葉を聞いたことがありますか。

 はい。本で読みました。

 現在の R さんの様子では、短期記憶に比べ、長期記憶は大きく障害されていないようです。支援を追加するのも一つの方法ですが、その前に、**長期記憶へのアプローチを行うことで、困りごとを軽減できるのではないかと思うのですが、いかがでしょう。**

 そうですね。何かよい方法があれば、一緒に考えてもらえると助かります。

※具体的な対応について情報提供を行う。

6

ケース2 ──

認知症の短期記憶保持困難×過剰な支援を求める家族

▸ **対応後の変化**

・**困りごとの背景から、家族の取り組むべき課題を明らかにすることができた**
・**その課題への対策を共有することができた**

あとがき

　本書は、2020年4月から2022年3月までの間、月刊誌『ケアマネジャー』にて連載したものが前身となります。正直なところ、最初の頃は医療と福祉という違いから、看護師が困難に感じるところをほかの支援者も困難に感じるだろうかという思いもありました。

　しかし、編集者を通じてケアマネジャーへの取材を行った結果、共通の困難さが浮かび上がりました。それは、「何が正解なのかがわからない」ということです。

　身体的な疾患を抱える利用者の場合、症状が目に見えてわかりやすいため、問題を理解しやすいですが、精神疾患の場合は症状が目に見えないため、何に困っていて、どのように支援を提供すべきかがわかりにくいという課題がありました。ここに支援者の困難さを増大させる要因があると思いました。

　そこで本書では、その正解に値する対応を書きました。と、締めくくれればよいのですが、種明かしをすると、対人援助を提供する際に、「これが唯一の正解」というものは存在しません。もし正解と感じる対応があるなら、それはケアの成果としてあらわれた「結果」だと考えます。

　では、本書が焦点を当てたのは何かというと、「利用者と正確に情報を共有するためのコミュニケーションスキル」です。コミュニケーションスキルと言っても、それは単なる「How to」のリストではなく、支援者が必要とする視点やアセスメントの根拠など、包括的に探求したものとなります。

　前述のとおり、精神症状は目に見えないため、正確な情報共有が難しいのです。一方で、正確な情報共有が可能であれば、身体的な疾患を抱える利用者と同様に、支援の難しさが軽減される可能性があると考えます。

　最後に取材に協力してくださった支援者の皆様、月刊誌の連載時に私の力になってくださった三角朋代さん、渡邉拓也さん、ありがとうございました。

　本書の編集を担当してくださり、構成や編集に力を尽くしてくださった中村太一さん、本当に感謝しています。

　本書を楽しみにしてくださり、私のほうにダイレクトメッセージで応援をくださった皆さん、心の支えになりました。

　皆さんの力なくして、本書の完成はなかったと思います。

　本書が、一人でも多くの人の力になれば幸いです。

著者紹介

小瀬古伸幸（こせこ　のぶゆき）

所属：訪問看護ステーションみのり

役職：統括所長

精神科単科病院勤務後、2014年、訪問看護ステーションみのり入職。2016年、訪問看護ステーションみのり奈良を開設し、所長として勤務。2019年より現職。精神科認定看護師、WRAPファシリテーター、Family Work Practitionerを取得。精神医療分野における在宅医療の実践はもちろん、多数の執筆、研究実績あり。現在は訪問型の家族支援に力を注いでいる。

著書として『精神疾患をもつ人を、病院でない所で支援するときにまず読む本』（医学書院）、『人生をゆるめたら自分のことが好きになった』（KADOKAWA）がある。YouTube「TOKINOチャンネル」で支援に役立つ情報を配信中。

相談援助職必携
精神疾患のある人を支援困難にしないための
基本スキルと対話のコツがわかる本

2024 年 1 月 20 日　初　版　発　行
2024 年 6 月 5 日　初版第 2 刷発行

著　者　　小瀬古伸幸
発行者　　荘村明彦
発行所　　中央法規出版株式会社
　　　　　〒 110-0016 東京都台東区台東 3-29-1 中央法規ビル
　　　　　Tel 03-6387-3196
　　　　　https://www.chuohoki.co.jp

装幀・本文デザイン・DTP　　次葉
イラスト　　オオノマサフミ
印刷・製本　　株式会社ルナテック